AF305968

Catalogue

DES TABLEAUX

DE

L'École Hollandaise, Flamande et Française,

PROVENANT DE L'ANCIENNE

GALERIE DU PALAIS DE L'ÉLYSÉE.

PARIS. — IMPRIMERIE DE DEZAUCHE,
Faubourg Montmartre, n° 11.

CATALOGUE

DESCRIPTIF

DES TABLEAUX

DE L'ÉCOLE

HOLLANDAISE, FLAMANDE ET FRANÇAISE,

PROVENANT DE L'ANCIENNE

Galerie du Palais de l'Élysée,

PAR CHARLES PAILLET,

COMMISSAIRE-EXPERT HONORAIRE DU MUSÉE ROYAL.

La Vente aura lieu les Mardi 4, Mercredi 5 et Jeudi 6 Avril 1837,
à midi précis,

RUE DE GRENELLE-SAINT-GERMAIN, N° 71,

Hôtel Galliffet;

Par le ministère de **M. BATAILLARD,**

COMMISSAIRE-PRISEUR, ASSISTÉ DE M. PAILLET.

Exposition publique, les 30 et 31 mars, 1er et 2 avril.

LE PRÉSENT CATALOGUE SE DISTRIBUE :

A PARIS. . . . chez MM. { BATAILLARD, Commissaire-Priseur, rue de Choiseul, n. 5; CHARLES PAILLET, rue Grange-Batelière, n. 24;

A LONDRES. . chez MM. { SCHMIDT, New Bondt Street, n. 37; CHRISTI et MANSON, King's Street, n. 8; WOOTBURN frères;

A AMSTERDAM, chez MM. { BRONDGHEST, peintre; Roos fils;

A VIENNE. . . chez MM. GEISTINGER, SCHAUMBURG et Cie, libraires;

A BERLIN. . . . chez M. OPPENHEIM fils, banquier;

A FRANCFORT. . chez M. BETHMANN frères;

A BRUXELLES. . chez M. HERIS, peintre;

A MANHEIM, chez MM. ARTARIA et FONTAINE;

A MILAN. . . . . . chez VALLARDI;

A St-PÉTERSBOURG, chez MM. BÉLIZARD et Cie, libraires de la Cour;

A MUNICH. . . . . . chez M. le baron d'EICHTHAL, banquier.

Prix : 1 Franc.

1837.

CATALOGUE

DES TABLEAUX

DE L'ÉCOLE

HOLLANDAISE

Galerie de ...

PAR CHARLES PAILLET,

IL SERA ...

Prix : 1 Franc.

1851

ORDRE DES VACATIONS.

PREMIÈRE VACATION,

MARDI MATIN 4 AVRIL.

Numéros
du Catalog.

91.	BREKLINKAMP,	*le bénédicité.*
35.	BERKEYDEN,	*la porte d'Amsterdam.*
29.	BLIECK,	*église.*
78.	VANDERDOES,	*bergère et moutons.*
86.	POELEMBOURG,	*baigneuses.*
92.	MOUCHERON,	*paysage.*
41.	BÉGA,	*intérieur.*
79.	PEETER NEEFS.	*église.*
23.	VERNET (JOSEPH),	*soleil couchant.*
73.	VANDERHEYDEN,	*la ville de Cologne.*
28.	RUYSDAEL,	*tour en brique.*
31.	WEENIX,	*le toit rustique.*
76.	VANDERMEER DE DELFDT,	*jeune femme.*
55.	PYNACKER,	*paysage.*
50.	WOUVERMAN,	*le trompette.*
16.	BERGHEM,	*petit paysage.*
44.	BACKUYSEN,	*Amsterdam.*
89.	MIÉRIS (GUILLAUME),	*le tambour.*
64.	WYNANTS (JEAN),	*l'arbre sec.*
70.	LINGELBAC,	*port.*
10.	TENIERS,	*le concert champêtre.*
68.	MIÉRIS (FRANÇOIS),	*la femme peintre.*
5.	BOURDON,	*portrait.*
82.	TILBORGH,	*le dîné.*
80.	PANINI,	*noces de Cana.*
49.	WOUVERMAN,	*le retour du marché.*

*

75.	WANDERVERF,	*Pan et Syrinx.*
66.	MIÉRIS (François),	*portrait d'homme.*
67.	LE MÊME,	*portrait de femme.*
60.	GÉRARD DOUW,	*le philosophe.*
88.	KAREL DUJARDIN,	*cheval blanc.*
14.	OSTADE (A.),	*la danse de village.*
6.	VANHUYSUM,	*fleurs et fruits.*

DEUXIÈME VACATION,

MERCREDI 5 AVRIL.

97.	RUYSDAEL (Salomon),	*canal.*
25.	VANGOYEN,	*vue de la Meuse.*
83.	HUGTENBURG,	*bataille.*
58.	VANDERNEER (Art),	*un hiver.*
20.	ASSELYN,	*rnines et animaux.*
21.	VERNET,	*soleil couchant.*
12.	TENIERS,	*kermesse.*
56.	PYNACKER,	*le taureau.*
74.	WANDEVELDE (G.)	*marine.*
27.	RUYSDAEL (Jacques),	*paysage et pont.*
70.	ARY DE VOYS,	*le chasseur.*
72.	VANDERHEYDEN,	*maison de plaisance.*
17.	BERGHEM,	*effet de soleil.*
59.	DOUW (Gérard),	*son portrait.*
87.	DUJARDIN (Karel),	*le muletier.*
63.	WYNANTS,	*le fauconnier.*
45.	BACKUYSEN.	*gros temps.*
4.	STEEN (Jean),	*les noces de Cana.*
42.	BOTH,	*paysage—soleil.*
33.	VANDEVELDE (Adrien),	*paysage pastoral.*
19.	OSTADE (Isaac),	*hôtellerie.*
39.	POTTER (Paul),	*3 vaches, temps couvert.*

94. HACKHERT et VANDEVELDE, *paysage et animaux.*
54. WOUVERMAN,   *le cerf forcé.*
93. SCHALKEN,   *effet de lumière.*
31. WENIX,   *le grand port.*
71. VANDERHEYDEN,   *place d'Amsterdam.*
40. POTTER (Paul),   *l'abreuvoir.*
53. WOUVERMAN,   *chasse au faucon.*
15. BERGHEM,   *port de Gênes.*
7. TENIERS,   *la foire de Gand.*
69. HOBBEMA,   *paysage.*

TROISIÈME VACATION,

JEUDI 6 AVRIL.

57. MEULEN (Vander),   *l'attaque.*
85. LEDUC (Jean),   *corps-de-garde.*
96. MIGNARD,   *les enfans de Louis* XIV.
13. TENIERS (père),   *tableau enlevé.*
81. WITTE (Emmanuel de).
24. VERNET (Joseph),   *marine.*
34. BERKEYDEN,   *place d'Harlem.*
65. WYNANTS,   *château.*
95. BREUGHEL,   *village.*
84. MIEL (Jean),   *dispute.*
22. VERNET (Joseph),   *cascatelles de Tivoli.*
11. TENIERS,   *trois figures.*
26. RUYSDAEL et BERGHEM, *paysage.*
2. TERBURG,   *grand intérieur.*
43. BOTH,   *grand paysage.*
37. METZU,   *la couseuse.*
51. WOUVERMAN (Philippe), *le petit départ.*
52. LE MÊME,   *le cabaret, pendant.*
61. SLINGELANDT,   *intérieur.*

NOMS DES PEINTRES

CONTENUS

DANS LE CATALOGUE DE TABLEAUX

PROVENANT DU PALAIS DE L'ÉLYSÉE.

AVIS IMPORTANT.

La collection anciennement placée au palais de l'Élysée est connue de l'Europe entière, sous le rapport de sa haute importance, le choix et la variété des maîtres qui la composent, et dont l'école hollandaise et flamande offrira une réunion des plus imposantes. La majeure partie de ces tableaux provient des cabinets les plus célèbres formés depuis 1737. Nous nous sommes procuré d'utiles renseignements sur la transmission généalogique des amateurs qui les ont successivement possédés ; plusieurs citations ont été puisées dans l'ouvrage de M. Schmidt, intitulé : *Catalogue raisonné des ouvrages des peintres les plus distingués des écoles flamande, hollandaise et française*, publié à Londres en 1835, et dans les catalogues de P. Remy, Donjeux, Lebrun, Paillet père.

On y verra souvent répétés les noms de *duc de Choiseul, prince de Conti, comte de Vence, duc de Chabot, comte de Merle, duc de Praslin, duc d'Orléans, régent ; Randon de Boisset, du* chesse de *La Valière*, *Blondel de Gagny*, de *Gagniat*, *Grandpré*, *Vanleyden*, *Robit*, *Séréville*, *Catellan*, *Destouches* et *prince de Talleyrand*, comme ayant acquis un titre de célébrité parmi les amateurs de ces différentes époques. Une liste alphabétique des peintres indique le nom des maîtres qui font partie de cette rare et précieuse collection.

La vente aura lieu au comptant et sans restriction ; aucun prix ne sera fixé que celui établi par les enchères, et l'acquéreur sera tenu de payer 5 p. 100 en sus de son prix d'adjudication.

MM. les étrangers et amateurs qui désireraient voir l'exposition avant les jours consacrés au public, sont priés de s'adresser à M. Bataillard, commissaire-priseur, rue de Choiseul, n° 5, ou à M. Paillet, rue Grange-Batelière, n° 24, tous deux chargés de la direction de la vente.

DE L'ÉCOLE

Flamande et Hollandaise.

Tous les contrastes semblaient réunis pour opposer, l'une à l'autre, l'école d'Italie et l'école flamande. Tandis que l'une, située sous un ciel chaud et lumineux, était encore entourée des monuments antiques des arts, trouvait son berceau placé au milieu de leurs savants débris, l'autre, sous un ciel pâle et nébuleux, ne voyait qu'à travers un voile de brouillards les objets qu'elle devait imiter, et, placée à sa naissance, n'avait ni modèles ni souvenirs. Chaque climat produit dans les arts les résultats qui lui sont naturels ; un dessin correct et composé à loisir semblait appartenir aux contrées phlegmatiques, où le loisir des passions laisse le temps à l'étude ; et ce fut en effet le partage des peintres de l'école flamande et hollandaise. Ils adoptèrent *le genre* proprement dit ; il permet plus de licence, exige moins de correction. En effet, leurs ouvrages furent brillants et ingénieux ; ils portèrent à l'intérêt par le sujet et à la gaîté par le style ; ils plurent, et c'est tout ce qu'on exigea. Le beau antique et idéal se retrouva peu dans leurs productions ; ils peignirent ce qu'ils voyaient, sans autre modèle que la nature, et la nature comme elle se trouvait sous leur main. Cet esprit d'imitation scrupuleuse se conserva dans tous les genres de cette école des Pays-Bas.

Ruysdael, Vandevelde, Paul Potter, Karel Dujardin, ne peignirent pas le paysage comme les Carrache et comme le Dominiquin ; ils ne supposèrent jamais la nature, ils la regardèrent et la reportèrent sur la toile telle qu'ils la voyaient : une chaumière avec un buisson suffirent à Ruysdael pour faire un tableau. Quand Wouvermans peignit des batailles, il ne pensa à celles de Raphaël ni à celles de Jules Romain ; il peignit les combattants qu'il avait vus, les couvrit de leurs armures et de leurs habits, et les fit se tuant à leur manière, sans autre poésie. Paul Potter fit les animaux tels qu'il les voyait ; ce fut le portrait d'une vache, d'un taureau, d'un bélier, sans rien ajouter à leurs formes ; les bergers furent des pâtres et les bergères furent des laitières : aucune recherche dans les héros de ses compositions. David Teniers peignit l'histoire de son voisinage comme il la voyait à l'estaminet ou à la kermesse ; mais tout fut rendu avec justesse, avec une touche fraîche, spirituelle et vraie. Cependant, pour s'être réduits aux sujets de la vie privée et s'être contentés de recont ter les sujets d'histoire que les Italiens, nés plus poètes, ont chanté, les Flamands n'en ont pas moins souvent porté la perfection dans le choix de leurs personnages. Leurs compositions sont devenues des drames, comme *la Femme hydropique* de Gérard Douw, et *la Paix de Munster* de Terburg. Les intérieurs de Miéris et de Metzu, d'une si parfaite exécution, sont presque des réalités, vues par le côté de la lunette qui éloigne. Ostade, Vanderheyde, Pinacker, Wynans, Bacchuysen, Vanderwerf, Hobema, Vanhuysum, que l'on va retrouver dans la collection du palais de l'Élysée, sont des peintres de genre de premier ordre, qui se sont approprié tout ce que négligeait l'histoire, en s'emparant des scènes de la vie privée ; ils ont laissé des ouvrages d'autant plus recherchés des amateurs, que leur cadre trouve place dans des espaces plus resserrés.

« Tous les genres sont bons, hors le genre « ennuyeux », a dit un homme célèbre ; et tout en laissant à leur rang de prééminence les compositions d'un style noble et élevé, il est incontestable qu'il vaut mieux être fort comme les Hollandais, dans un genre inférieur, que faible dans un autre plus haut placé, et que, longtemps, comme l'a dit un historien, on préfèrera des petits fumeurs parfaits, caressés par tous les amis des arts, aux grands héros ennuyeux, étalant en vain leur beauté froide, et créés plutôt pour habiter des palais magnifiques que pour servir à la récréation des yeux. Sous ce dernier point de vue, les tableaux de l'école flamande et hollandaise donnent une satisfaction complète; on les admire dans les plus fameux cabinets de l'Europe; les plus riches amateurs se les disputent dans les ventes, et les prix qu'ils en donnent sont leur plus éloquent panégyrique.

DÉSIGNATION

DES

TABLEAUX

DES ÉCOLES

FLAMANDE ET HOLLANDAISE.

***

Nota. Les maîtres n'ayant pu être placés par ordre alphabétique, la table qui est en tête du catalogue indique dans une colonne la page où se trouve chaque tableau.

TERBURG (Gérard). — 1608 à 1681.

1. Portraits des ministres plénipotentiaires réunis au congrès de Munster en 1648. — *Cuivre; hauteur, 16 pouces; largeur, 21.*

L'Europe était en guerre depuis cinquante ans, et malgré les préliminaires signés en 1641, les hostilités ne continuaient pas avec moins d'activité, lorsqu'enfin, le 24 octobre 1648, deux mois après la célèbre bataille de Lens, gagnée par le prince de Condé, fut signé, à Munster, le fameux traité de Westphalie, qui a été depuis le code politique du nord de l'Europe. Les plénipotentiaires des puissances catholiques étaient réunis à Munster; ceux des puissances protestantes se tenaient à Osnabruck. Par ce traité, la France acquérait la souveraineté complète des évéchés de Metz, Toul et Verdun, ainsi que la ville de Pignerol ; l'empire lui cédait aussi toute l'Alsace. La Suède était reconnue souveraine de la Poméranie ainsi que de plusieurs autres pays, et les biens ecclésiastiques confisqués par les princes protestants étaient déclarés leurs propriétés. Un huitième électorat fut créé pour la Bavière, et l'empereur se vit forcé d'abandonner la tutelle sous laquelle il voulait continuellement retenir tous les princes de l'empire.

(Extrait de la notice des estampes exposées à la Bibliothèque royale, par M. Duchesne aîné ; édition de 1837).

Cette auguste cérémonie a lieu dans le salon du palais épiscopal, affecté aux ambassadeurs de plusieurs cours ; les députés des états intéressés y sont au nombre de quatre-vingt-six, et parmi eux on remarque les comtes de Sainte-Même Davaux et Servien de Laroche (pour la France) ; le comte Gusman de Peñoranda, protecteur de l'artiste (pour l'Espagne) ; le baron Oxenstiern (pour la Suisse) ; le président Adrien Pauw, député des états généraux, l'allié secret de l'Espagne ; et enfin le chevalier Contarini, de Venise.

L'instant représenté de cet événement mémorable est celui où une question importante est mise aux voix. L'assemblée tout entière est levée ; six des plus honorables membres expriment leur vote et présentent deux doigts de la main droite en signe d'approbation.

Ce n'est plus ici une de ces compositions prises dans les scènes familières que les Hollandais ont souvent représentées, sans autre intérêt que celui des détails pris au hasard et conduits avec tout le soin dû à l'intelligence et à l'adresse du pinceau, c'est un tableau d'histoire, grand dans une proportion petite, dont les personnages, posés simplement, sont groupés, sans une attitude recherchée, dans une expression spéciale au caractère et à la dignité de chacun, ce qui ne laisse aucun doute qu'ils aient été d'une ressemblance parfaite.

En peinture, on reconnaît aisément une tête faite d'idée ou faite d'après nature ; l'étude de portrait est plus obligée, plus rigoureuse ; elle laisse des signes, d'après lesquels on peut dire que tel portrait a été ressemblant à son modèle, et c'est précisément ici le mérite de Terburg, qui, pour constater sa présence, s'est placé dans une des parties de la salle, afin de saisir la vérité des traits et le caractère moral des illustres diplomates qui composaient la brillante assemblée de Munster.

Le graveur immortalise par son burin les œuvres du peintre. Suyderhof, habile dans cet art de perpétuer les chefs-d'œuvre et les multiplier, a produit, d'après ce tableau, une des plus belles estampes et des plus recherchées. Cette pièce manquerait au complément d'une collection d'estampes, comme ce chef-d'œuvre de Terburg, monument inimitable de la peinture hollandaise, source des plus beaux souvenirs historiques, devient indispensable à l'ensemble d'un musée ; c'est une page digne de fixer l'attention

des riches amateurs, et d'une assez haute célébrité
pour prendre place dans une galerie de souverains.
Ce tableau, cité par Houbraken, Dargenville et
Descamp, a fait partie de la collection du prince de
Talleyrand et précédemment de celle Vanleyden,
dont le cabinet fut acheté et rapporté d'Amsterdam
par Paillet père.

LE MÊME.

2. La Curiosité, ou le Testament.—*Toile; hauteur,
28 pouces; largeur, 22 pouces.*

Une grande chambre de maison hollandaise
décorée d'un tableau sur la cheminée, et d'un
lustre d'ancienne forme ressortant sur un fond
de tapisserie. Dans cet appartement se passe une
scène toute familière entre trois femmes dont une
jeune dans un ajustement plein d'élégance et de
coquetterie; elle porte une jupe de satin blanc de
la plus riche nuance, un corset rose accidenté de
plis et de nœuds qui lui donnent une forme gracieuse et légère; cette jeune dame est debout devant une parente vêtue d'une pelisse fourrée, assise
à une table et occupée à écrire; on peut supposer
un acte testamentaire de la part de cette dernière,
et une pareille disposition excite la curiosité d'une
jeune servante qui avance la tête pour regarder de
plus près les intentions de la testatrice.
Le petit chien épagneul, accessoire habituelle-
ment réservé par Terburg pour compléter les êtres
qu'il mettait en action; ce petit chien, prétexte

utile au peintre, est assis sur un coussin de tabouret ; quelques pièces de détail garnissent une table
couverte d'un tapis de velours violet.

Depuis la vente du prince Galitzin, peu d'ouvrages
aussi marquants de ce peintre se sont présentés dans
les cabinets ; celui-ci comporte toutes les conditions
qui constituent l'état capital d'un tableau de ce
maître.

Il a fait partie des collections suivantes :

Gaillard de Gagny, dans l'année 1762.
Lalive de Jully. . . . . 1769.
Robit. . . . . 1801.

LE MÊME.

3. LE RÉMOULEUR. — *Toile ; hauteur, 22 pouces ;
largeur, 18 pouces.*

Dans la partie la plus délabrée d'une cour de
paysan, on voit un jeune garçon innocemment campé
devant un rémouleur qui tourne sa meule ; près la
porte d'entrée, une femme fait à son enfant la toilette que les Napolitains se font entre eux ; une chaise
renversée, des éclats de poterie, de rustiques usten-
siles aratoires, sont les pièces de détail placées autour
de ce manoir villageois.

Cette composition, tout-à-fait hors du genre de
Terburg, ne peut être considérée que comme un
essai dans un genre qui n'était pas le sien, et aussi
pour justifier à la fois sa facilité de pinceau et son
habileté à traiter tous les genres. En effet, on re-

trouve la similitude des tons d'Adrien Ostade, sa chaleur, la transparence des teintes et la suavité de pinceau si recherchées dans ses propres ouvrages.

Ce tableau est gravé dans l'œuvre de Choiseul, Paris, 1772.

Il a fait partie des collections suivantes :

Prince de Conti, dans l'année 1777.
Duc de Chabot. . . . . 1786.
Robit. . . . . 1801.

STEEN (JEAN). — 1636 à 1689.

4. LES NOCES DE CANA. —*Toile; hauteur, 40 pouces;
largeur, 50 pouces.*

Soit par adresse ou par malice, le peintre a partagé sa composition en deux parties, au moyen d'un rideau d'étoffe verte et traité dans le style et la puissance de couleur des peintres vénitiens; dans le fond du tableau, le Christ est représenté assistant aux noces de Cana. Ce sujet est rendu avec toute la sagesse qu'auraient pu offrir les ressources d'un génie habitué aux compositions sérieuses; la disposition des personnages, l'agencement de leur costume et les accessoires dont ils sont entourés, tout cela est fort bien rendu, l'action parfaitement prise. Mais que faire de ces joyeux hôtes d'estaminet auxquels l'artiste, dans tous ses ouvrages, a donné tant de mouvement, de vie et d'originalité? ils sont sortis malgré lui de son pinceau; il a fallu les placer, les montrer dans les attitudes qui caractérisent le genre

qui lui était si familier, et les noces de Cana lui en
ont fourni l'occasion. Dans un festin préparé avec
pompe et solennité, où l'eau, breuvage insignifiant
et contraire à la délectation, se change tout-à-coup
en vin, autre breuvage d'une grande supériorité pour
toute espèce de convives, il paraîtra tout naturel
que le peintre ait profité des avantages nombreux
de son sujet, en exposant par une réunion un peu
tumultueuse toutes les conséquences d'une si heureuse métamorphose. Aussi voit-on tous les conviés
se faire des offres réciproques et des échanges de
verre; d'autres qui, après avoir dépassé la mesure,
entreprennent des négociations galantes; de vieux
habitués de festins laissent échapper de leurs lèvres
un sourire d'intempérance, et partout une mêlée de
monde, une gesticulation grivoise qui ne paraît point
s'arrêter. C'est, du reste, le complément de la gaîté
la plus délirante et à la fois l'œuvre la plus parfaite
du pinceau de ce peintre.

Les noces de Cana ont fait partie de la collection
célèbre de *van Leyden*; ce tableau faisait les délices
de la veuve douairière, à qui chaque jour il était
présenté comme un spécifique puissant contre les
idées de tristesse, d'ennui et de fin prochaine.

On racontait autrefois, en Hollande, une anecdote
qui n'est point encore oubliée. Le riche amateur qui
avait commandé le tableau à Jean Steen lui fit reproche d'avoir mêlé le sacré au profane, en plaçant
tous ses buveurs sur les premiers degrés du temple :
« Laissez, répondit-il, tomber le rideau que j'ai cru
« devoir placer, et vous ne serez plus offusqué du

« scandale. » Il serait à regretter en effet que ce rideau vînt à descendre; il cacherait une scène qui se lie parfaitement au sujet, et dont la conclusion, si elle n'est pas précisément édifiante, tourne tout au moins au profit du plaisir.

Collection van Helsleuter, année 1760.
Catalogue Paillet père. . . . . . 1814.

BOURDON (Sébastien). — 1616 à 1671.

5. Le portrait de Christine, reine de Suède. — *Toile; hauteur, 40 pouces; largeur, 38.*

Célèbre dans l'invention et la composition, ces parties de la peinture qu'il sentait le mieux encore; le Bourdon a été fort habile dans le genre proprement dit celui des bambochades, qui lui ont imprimé un caractère d'originalité bien prononcé. Abondant et facile, son talent s'est élevé avec un plein succès dans la représentation des hauts personnages qui l'accueillaient avec bienveillance, et dont il fit le portrait. Celui-ci est un des plus beaux connus; les draperies sont bien agencées, plissées avec goût, et quoique dans ses costumes il ait été quelquefois infidèle à la vérité, leur disposition a toujours quelque chose d'élégant et d'une originalité bizarre.

VANHUYSUM (Jean).

7100. 6. BOUQUET DE FLEURS ET RÉUNION DE FRUITS. —
Hauteur, 30 pouces; largeur, 22.

C'est le choix le plus parfait, l'assemblage des plus
riches couleurs et les formes les plus heureuses de
tout ce que fait naître la nature; à ce brillant assemblage se joignent la justesse, la précision, le fini le
mieux étudié, et le plus haut degré où l'art puisse
atteindre.

Parmi les peintres de fleurs, Vanhuysum est le
premier peintre de son genre, il a porté l'imitation
aussi loin qu'il est possible de la concevoir; cette
supériorité dans le précieux des détails se manifeste
ici dans toute sa valeur : c'est la perfection autant
qu'il est accordé aux hommes de s'y élever.

Un des inconvénients du genre des fleurs, c'est
qu'il ne souffre point de médiocrité, qu'il faut être
presque parfait pour y acquérir de la gloire; ce qui
fait aussi sa grande difficulté est l'extrême fini qu'on
y exige, malgré les obstacles qui s'y opposent, soit
par le mouvement continuel qui les agite et les fait
tendre avec rapidité à leur destruction, soit encore
par l'impossibilité de les peindre ensemble. Ce sont
toutes ces difficultés vaincues par Vanhuysum qui
rendent son extrême fini plus étonnant; aussi ses
ouvrages sont-ils recherchés et portés à des prix fort
élevés. J'ai ai vu vendre un en Hollande 10,000 florins (22,000 francs), et ses dessins dans la même
proportion; c'est un privilége bien justement ac-

quis à celui qui imita si bien les fleurs, richesse
du printemps, ornement de toutes les fêtes, et qui,
placées sur un tombeau, servent encore de dernier
présent à ceux qu'on a chéris.

TENIERS le fils (David). — 1610 à 1694.

7. LA FOIRE DE GAND. — *Bois; hauteur, 32 pouces;
largeur, 42.*

Sur une place publique d'une grande étendue, appelée *le Potien's Mark*, plus de trois cent
quatre-vingts personnages concourent à représenter
le mouvement d'une fête du pays, à une époque où
tout le voisinage de la Belgique vient y prendre sa
part. Des étalagistes, des marchands forains, des
saltimbanques, des mascarades et le spectacle de
polichinelle dans toute sa pompe, retiennent les curieux. Sur le premier plan, un homme d'humeur
joviale et qui paraît être l'hôte, tient une pinte et
un verre qu'il présente aux convives empressés, et
pendant les déclamations d'un paysan orateur, un
petit luron lui dérobe son mouchoir; en avant de
cette scène épisodique, une dame vêtue d'un bel
habillement bleu, accompagnée d'un cavalier qui
tient son chapeau à la main, parcourt les lieux les
plus intéressants et se mêle aux plaisirs de la fête :
c'est l'artiste et sa femme accompagnés du jeune
Absoven, élève favori de Teniers; des marchands
de toute espèce, des enfants, des vieillards, des buveurs, un mélange sans fin de personnages tous en
action, voilà ce que le peintre a multiplié dans son

tableau, et ce qu'il est presque impossible de détailler, tant il a répandu partout les éléments de la gaîté. Parmi les monuments qui indiquent la localité, on distingue l'église paroissiale et le couvent de Saint-Pierre.

Ce magnifique tableau a fait partie de l'ancienne collection de *sir G. Page*, et fut apporté en France, en 1785, avec douze autres tableaux qui font partie de la collection du Louvre; il provient aussi du cabinet *Robit*, 1801.

Aucun nom dans la peinture n'a eu plus de popularité que celui de Teniers; en le prononçant, le sourire naît sur les lèvres de ceux qui connaissent ses ouvrages; ils respirent en effet une si franche gaîté qu'ils en donnent à tous ceux qui les voient. Il faut seulement contempler assez long-temps ce rare et capital tableau, aussi sublime dans le genre familier que la transfiguration de Raphaël dans le style noble, pour reconnaître que personne n'a mieux rendu que lui la forme des paysans de la Flandre, leurs attitudes, l'ensemble de leur personne et de leur vêtement qu'il saisissait dans l'intérieur des ménages, au milieu des fêtes champêtres, au milieu des jeux et des plaisirs de ses héros. A côté de quelques sujets que ses tableaux soient placés, ils intéressent toujours; ils charment le connaisseur, attachent celui qui ne l'est pas, et l'un et l'autre peuvent se délasser par le rire naturel qu'excitent ses ouvrages; c'est une qualité qui a bien aussi son côté essentiel dans les arts, et dont, sans doute, Louis XIV ne sentait pas le précieux avantage, en chassant de sa cour les tableaux de Teniers, il en aurait appelé de son jugement, s'il avait connu les *OEuvres de miséricorde*, *l'Enfant prodigue*; il aurait reconnu que son pinceau n'a pas toujours créé des joueurs et des ivrognes, et si ses personnages ont souvent inspiré la joie, la félicité des campagnes, ils inspirent aussi une philosophie douce et présentent encore au spectateur la nature sous un aspect divertissant.

Dans les arts, c'est le génie qui obtient la première place; cette qualité brillante l'a fait donner à Teniers parmi les peintres de son genre; il l'a méritée si bien, qu'il paraîtra toujours difficile qu'elle lui soit jamais ravie.

TENIERS.

8. LE DÉJEÛNER DE JAMBON. — *Cuivre; hauteur, 34 pouces; largeur, 32.*

Dans un intérieur de chambre rustique ou tabagie particulière, vingt-six personnes sont réunies à la manière dont Teniers assemblait son monde pour les faire boire, fumer, raisonner et politiquer avec cette joyeuse santé, entretenue par les pots de bière dont ils sont entourés. Quatre des principaux personnages sont assis à une table pourvue de jambon et autres provisions solides; l'un est occupé à couper du pain, un autre tient un verre, un troisième et un quatrième debout s'amusent à fumer leur pipe; chacun va prendre sa part du déjeûner commun, dont la pièce principale, le jambon, a servi de titre à ce tableau. Pour compléter la joie du festin, le peintre a placé, dans la partie droite de ce rustique appartement, des villageois heureux de pouvoir danser au son flatteur d'une cornemuse ; et tout-à-fait sur le premier plan, mêlé aux différents accessoires, il a présenté son chien favori, animal d'espèce forte et d'une attitude gravement inoffensive, attendant avec une immobile docilité sa part dans les restes du déjeûner.

Cet admirable tableau réunit la précision, la vérité de l'ensemble et celle des détails, il étonne et paraît avoir été fait en un instant ; rien n'y sent la contrainte, rien n'y paraît servilement copié ; tout y semble créé ; une verve bouillante en vivifie toutes les parties, et ses paysans et ses buveurs paraissent être sortis tout armés de son cerveau. Je me rappelle la sensation que produisit ce tableau à l'époque où il fut vendu dans le cabinet Robit, il y a trente-cinq ans. Le trône de la peinture était occupé par David, et en ce temps-là, l'esprit et les yeux avaient reçu pour pénitence de n'entrevoir que la rectitude des Romains et des héros de l'antiquité ; on pouvait avoir à craindre que la nature fût repoussée par une influence épidémique, et n'obtînt pas de brillants succès ; malgré cela, les œuvres de Teniers et de Paul Potter atteignirent des prix de 35 à 40,000 francs ; des applaudissements unanimes accueillirent alors l'acquéreur du déjeûner de jambon, et David, grand admirateur du beau en tout genre, voulut être le premier à le féliciter de fixer dans la capitale un des ouvrages le plus digne de son auteur, *qui s'élève, disait-il, jusqu'au sublime dans le contraire parfait des statues antiques.* On peut laisser à juger toute la valeur d'une pareille assertion dans la bouche d'un grand homme.

En 1765, ce tableau a fait partie de la collection du prince de Rubempré de Bruxelles ;

En 1777, de celle de Randon de Boisset ;

En 1801, de celle de Robit.

Après la signature, on lit la date de 1648.

LE MÊME.

9. L'HOMME A LA CHEMISE BLANCHE. — *Cuivre ; hauteur, 14 pouces ; largeur, 19.*

Titre qui pourra paraître singulier, mais celui sous lequel le tableau est connu et gravé ; ces dénominations sont consacrées par les amateurs, elles ne sont point poétiques comme le testament d'Eudamidas, mais elles sont admises dans l'école hollandaise, dont les peintres ont pris souvent leur modèle et leur sujet dans les gens du peuple ou dans les accessoires de cuisine.

Trois habitués d'estaminet forment un groupe ainsi posé : près d'un tonneau, un vieux au visage grivois, le chapeau sur l'oreille, couvrant un œil, dont l'autre restant a de l'expression pour les deux, l'air guilleret et content, est assis près d'un tonneau et dispose sa pipe, un autre auprès de lui charge la sienne ; le troisième, l'homme à la chemise, tenant un pot d'une main, soutient de l'autre sa pipe déjà mise en action. Voilà la disposition des principaux personnages, car je ne devrais pas parler d'un quatrième, qui n'est vu que par derrière le dos, en raison bien puissante de la position obligée qui le force à présenter le bas de la ceinture à la muraille. Des accessoires de poterie de terre et d'étain, une image collée sur le pan de brique, et portant la date de 1644, époque de la plus grande force du talent de Teniers. Tous ces détails s'harmonisent parfaitement avec le ton clair et argentin du tableau et de son effet général, ils décèlent ce talent prodigieux, cette pratique approfondie de l'art que Teniers possédait à un si haut degré.

LE MÊME.

10. LE CONCERT CHAMPÊTRE. — *Cuivre; hauteur, 10 pouces; largeur, 6 pouces.*

Peu de tableaux dans la petite dimension ont eu plus de réputation que ce sujet, gravé par Ph. Lebas, sous le titre de *Concert champêtre* ou *La leçon de flageolet.*

En 1749, il a fait partie de la collection du duc d'Orléans ;
En 1768, de celle de Gaignat ;
En 1793, de celle du duc de Praslin ;
En 1808, de celle du duc de Choiseul.

Une jeune bergère en corset bleu, jupon jaune clair, et coiffée d'un chapeau de paille orné d'une plume, est guidée par un paysan à bonnet rouge, et laisse diriger ses doigts sur un flageolet; le cours de la leçon mu sicale est interrompu par les regards tendres d'un joueur de cornemuse qui semble être en intelligence et accord parfait avec la muse des champs ; ces trois figures reposent dans un paysage légèrement ombragé et bordé d'une rivière.

Ici encore se montre d'une manière bien évidente cette netteté brillante du pinceau d'un homme à qui son art n'a jamais opposé de difficulté, et pour lequel peindre ou s'amuser durent être à peu près la même chose.

LE MÊME.

11. LES FUMEURS.—*Bois; hauteur, 10 pouces 8 lignes; largeur, 6 pouces.*

Un tableau remarquable pour la légèreté de pinceau et de coloris, fait sans doute avec cette prestesse et cette facilité qui étaient le propre de Téniers ; il offre la réunion de trois figures à mi-corps et auxquelles il semble que le peintre ait voulu donner les expressions les plus grotesques et les plus risibles ; un d'eux est assis sur une chaise de bois et présente à son vis-à-vis une physionomie boudeuse, sans doute parce qu'il ne tient dans les mains que son chapeau et qu'au contraire son voisin est armé d'un pot de bière et d'une pipe ; le troisième, d'une très-amusante laideur, les regarde tous deux et rit de tout son pouvoir de ce contraste d'humeur.

Dans ce tableau caractérisé par un badinage du peintre, il a donné à ses paysans modèles leurs attitudes habituelles, l'esprit de leurs corps et de leurs vêtements; c'est une échappée de ses scènes naïves rendues avec tant de chaleur et de vérité.

LE MÊME.

12. KERMESSE, OU FÊTE DE VILLAGE.—*Bois ; hauteur, 20 pouces; largeur, 3o.*

La vue générale représente une colline bornée sur la hauteur par une ligne de maisonnettes ; sur la droite et placé bien en avant on voit un cabaret décoré d'un drapeau aux armes de Charles-Quint et servant d'enseigne ; près de ce rustique édifice plus de dix-huit figures concourent à l'animation de cette brillante assemblée égayée encore par la danse d'une jeune fille et d'un villageois qui s'escriment de leur mieux au son d'une vielle jouée par un paysan monté sur un tonneau. D'autres divertissements pris par les gens du pays dans les différentes classes ont fourni au peintre l'occasion de mettre en scène une multitude de personnages des deux sexes.

Cette kermesse, dont le titre fait connaître d'avance qu'il y a dans ce tableau tous les éléments de joie naïve, de gaîté bruyante, de danse, de bonne chère et de vin, donne l'image du plaisir; ce sont là autant de scènes où la vérité se joint au naturel le plus parfait ; c'est là que Téniers a pu donner carrière à son intarissable pinceau.

En 1781, ce tableau fit partie de la collection de la duchesse de Lavallière ;

En 1801, il fit partie de la fameuse vente Robit.

TENIERS (père). — 1582 à 1649.

260 -

13. **Petite kermès** ou danse de villageois au son de la vielle et sur une place entourée d'habitations rustiques.

C'est une œuvre de la patience et de l'habileté de feu M. Hacquin, rentoileur fort renommé de son temps; il voulut déterminer le degré de force auquel il lui était possible d'arriver en détachant du panneau la peinture et la préparation de la peinture et réduisant ces deux espèces à l'état de squelette; il réussit en effet, mais depuis ce temps un accident de route a occasioné une fracture dans ce fragile ouvrage.

OSTADE (Adrien). — 1610 à 1685.

22,00

14. **La danse de village.** — *Bois; hauteur, 16 pieds; largeur, 27.*

C'est ici un poème de Vadé; c'est le grotesque sans caricature; c'est la nature pauvre, triviale, mais sans ridicule, mais de la plus franche vérité sans dégoût, et simple sans sécheresse.

Quatre paysans et paysannes de la structure la plus ronde, aux formes les moins propres à la légèreté, d'un poids qui en apparence les ferait soupçonner ne pouvoir jamais s'élever du sol, forment pourtant le quadrille le plus comique qu'il soit possible d'imaginer; le ménétrier du voisinage les met en action, et, placé sous une treille, huché un peu plus haut que les spectateurs qui l'entourent, fait arriver jusqu'à leurs oreilles les sons aigus de son violon.

Un paisible curieux, coiffé d'une calotte rouge,

prêt à fumer sa pipe, est assis sur un banc et contemple à son aise ce bal improvisé. Un franc ivrogne, le verre à la main, leur porte un toast fraternel et ne fait qu'imiter quatre ou cinq bons buveurs qui occupent un coin de table sous la treille et se livrent à la plus large intempérance que kermesse ait jamais pu légitimer. Deux petits enfans bien courts, de la laideur la plus divertissante, et plaisamment habillés, s'amusent à présenter un os au chien de la maison. A l'extrémité de cette orgie dansante, un homme qui déjà n'avait pas une part bien complète de la dignité humaine, a succombé le pot de bière à la main et ne peut plus se soutenir qu'à l'aide d'un coin de tabouret qui le protège contre les pavés ou les cailloux. Toutes ces figures sont éclairées avec cette puissance magique de couleur, et se détachent sur des fonds d'hôtellerie brodée de vigne et légèrement ombragée de feuillage.

La peinture chez les Flamands est une optique où tout est disposé pour un effet désiré; c'est presque toujours un joli roman qui fait oublier la vraisemblance par la variété des scènes, par les agrémens du style, par l'originalité des caractères. On s'est amusé en lisant, on ne va pas chicaner l'auteur sur la probabilité des aventures qu'il a imaginées, pourvu que ce qu'il expose plaise et flatte, et sous ce dernier rapport peu de peintres, comme Ostade, sont dans toute la condition du programme.

Ce tableau, très-capital, porte la date de 1660.

Il a été gravé par M. Wolett, cité dans *Descamps*, t. II, p. 176, il a fait partie des collections suivantes :

En 1768, de la collection de Gaignat ;
En 1777, de celle de Randon de Boisset;
En 1801, de celle de Tolozan,
Voilà ses titres à la célébrité.

BERGHEM (NICOLAS). — 1624 à 1683.

15. L'ANCIEN PORT DE GÊNES. — *Toile ; hauteur, 32 pouces, largeur, 40.*

Embelli par des édifices magnifiques, le port de cette grande et belle cité est encore décoré d'une fontaine surmontée d'une figure sculptée, près de laquelle est une dame élégamment vêtue et accompagnée d'un cavalier suivi d'un nègre, qui, à la manière asiatique, porte le parasol. Des figures d'Arméniens et de gens du peuple, des bestiaux, des arrivages de navires, beaucoup de différents bagages, et enfin tous les accessoires qui indiquent la vie active augmentent cette richesse maritime.

Deux ouvrages capitaux de Berghem ont été cités par les historiens ; c'est l'embarquement des vivres, qui faisait partie de la collection du duc de Choiseul-Praslin, n° 80 de son catalogue, et porté à la vente à 17,601 francs, et le port de Gênes, gravé par Aliamet. La préférence a été donnée à celui-ci par Lebrun, dans la *Galerie des peintres flamands* ; en effet, tous les objets que Berghem a représentés, s'ils sont rendus avec plus d'art que d'exactitude, sont exprimés avec une facilité de pinceau, un brillant d'exécution et une coquetterie séduisante ; ici la couleur est riche et vigoureuse, elle n'a point de ton noir ou

roux qu'il a quelquefois prodigué dans ses tableaux,
et il a donné à ses figures, aux accessoires qui les
entourent, tout l'intérêt que l'esprit peut donner.

Ce tableau, d'une dimension de galerie, et de ga-
lerie de souverain, a fait partie des cabinets suivants :
En 1778, collection Servad d'Amsterdam ;
En 1783, de celle du comte de Merle ;
En 1809 de celle du chevalier de Langeac ;
Cité dans Descamps, t. II, page 345.

BERGHEM.

3600. 16. PAYSAGE, SITE D'ITALIE.—*Bois; hauteur, 11 pouces;
largeur, 13.*

Dans les ouvrages de Berghem, on compte avec
soin les figures et les animaux ; c'est la richesse ajou-
tée au paysage. Ici, deux vaches, cinq moutons, un
chien de berger et deux pâtres, dont un assis, occupent le milieu d'une gorge agreste cernée par une
fontaine et deux hauteurs de rochers hérissés d'arbustes sauvages, qui viennent également ombrager
un pont de brique.

Le goût préside toujours aux compositions de cet
artiste ingénieux, et dans ce petit tableau, fait en Italie, on retrouve des lignes agréables, un ciel chaud,
des détails agrestes, qui plaisent presque toujours aux
yeux, soit par des feuillages d'arbre adroitement
peints et balancés avec grâce, soit par des sites qui
n'ont rien de terrible, rien de cet aspect sauvage qui
fait sur l'âme de profondes impressions ; sa campagne est éclairée par une lumière bienfaisante.

BERGHEM.

17. PAYSANS AU RETOUR DU MARCHÉ.—*Toile; hauteur,*
20 pouces; largeur, 24.

Ce tableau, à effet de soleil couchant, a été gravé
par Lebas sous le titre suivant, *Le soir*; il représente
la vue étendue d'une contrée d'Italie prise dans les
sites montagneux et entrecoupés de vallées fertiles;
sur la gauche, une figure principale est celle d'une
paysanne montée sur une vache chargée de paniers
de volailles; elle est accompagnée d'un paysan à pied,
qui chemine paisiblement auprès d'un âne chargé
de trois moutons et d'un bouc, qu'il doit s'être pro-
curés à la ville voisine; à une légère distance, sur le
penchant de la colline, quelques paysans avec leurs
bestiaux opèrent une marche en forme de caravane
et se dirigent sur une rivière.

Indépendamment de la touche brillante et facile de
Berghem, ce tableau, délicieux d'effet, offre le ton vaporeux de l'immensité, l'air et le ciel créés par Both
ou Le Lorrain; c'est la puissance de talent de ces
deux grands hommes combinée avec sa manière ori-
ginale et piquante.

Ce tableau a fait partie de la collection de William
Smith, esq. M. P.

OSTADE (ISAAC). — 1615 à 1680.

18. SORTIE D'UN VILLAGE DANS LA CAMPAGNE. — *Bois;*
hauteur, 30 pouces; largeur, 40.

Réunion de maisons et chaumières formant ha-
meau près d'une église; toutes sont enveloppées d'ar-

bres et de broussailles, et ces édifices de rustique architecture forment un angle dont l'espace contient environ vingt personnages, hommes, femmes, bambins, mendiants, vieillards, qui boivent, qui fument et qui jouent; un groupe de deux hommes et une femme qui tient un panier, forme un épisode; plus loin un chariot tiré par deux chevaux, autre épisode qui compte et qui complète les compositions d'Isaac; le côté opposé offre une vue très-ouverte de paysage dont la dégradation est si bien ménagée que tout ce qui est autour ressort, tout est à sa place. Malgré la quantité de choses offertes à la fois à l'œil, et malgré l'apparence de désordre, rien n'est en confusion.

Il ne nous appartient pas de préjuger le mérite des autres tableaux de ce maître, mais l'opinion des hommes habitués à voir juste par point de comparaison est de regarder celui-ci comme chef-d'œuvre, tant par le merveilleux de la couleur que par la perfection, car tout est si vrai qu'il faut que la nature même ait servi de modèle.

Ne semble-t-il pas que le génie de la peinture ait fait sa révélation aux Ostades et leur ait dit : Vous créerez des petits hommes bien laids, des enfants bien difformes, vêtus misérablement, coiffés de chapeaux sans bord, chaussés comme des pauvres, déplaisants à rencontrer au coin des rues, mais qui donneront de la santé aux malades, que tout le monde voudra voir, admirer, posséder, et dont les prix pourront bien surpasser un jour tous les objets confiés à vos pinceaux.

Combien d'amateurs célèbres ont admis dans leur cabinet ce rare et capital tableau.

En 1740, collection de l'hôtel Jabach.
En 1777, collection Randon de Boisset.
En 1791, cabinet d'Arney.
En 1801, collection Robit.
En 1805, collection Seguin.

LE MÊME.

19. LE CABARET OU L'INTÉRIEUR D'UN VILLAGE DE LA FLANDRE. — *Toile; hauteur, 18 pouces; largeur, 24.*

Dans une plus petite dimension que le tableau précédent, le peintre a représenté des fabriques d'architecture rustique ombragées d'arbres comme on les voit autour de Harlem et dans les environs d'Utrecht ; sur la partie la plus éclairée du tableau, un voyageur fait rafraîchir son cheval, il cause avec plusieurs paysans ; du même côté, un groupe d'autres voyageurs qui boivent et fument selon l'usage du pays ; près de là une femme porte un enfant et demande la charité. Sur la gauche de cette composition bien garnie, beaucoup de paysans et jeunes filles, et presque partout on voit répandus sur le terrain des animaux domestiques et les principaux personnages qui font l'ornement d'une basse-cour.

Dans les ouvrages de cette nature on est obligé de consigner tout ce qui peut donner de l'intérêt et qui complète la richesse des détails. Isaac rivalise ici avec Adrien, soit par la chaleur du coloris, soit par l'excellence du pinceau ; il a saisi les nuances délicates et infinies du naturel , et c'est ce qu'il y a de difficile en peinture, ce que les règles n'apprennent point.

ASSELYN (Jean.) — 1610 à 1660.

20. *Bois ; hauteur , 24 pouces ; largeur , 20.*

Ruines d'anciens thermes aperçues d'une voûte sous laquelle passe un paysan conduisant un cheval chargé de genisses dans des paniers et un âne portant un sac recouvert ; une jeune fille ayant un panier sur la tête passe une rivière à gué et donne la main à un jeune garçon. Toute la masse d'architecture se détache sur un ciel accidenté par des brisures de nuages.

On compte les ouvrages remarquables de ce peintre, ils sont peu nombreux ; depuis ceux de la collection du prince Gallitzin, de Lenoir Dubreuil , Tolozan et Lapeyrière , il n'en est guère paru qui puissent rivaliser avec celui-ci.

Le talent distinctif d'Asselyn est une touche qui participe du pinceau de Karel Dujardin, de Berghem et de Wouvermans, mais il a possédé le secret de retenir la lumière et de la concentrer de la manière la plus piquante sur les objets qu'il avait intention d'éclairer.

VERNET (Joseph). — 1714 à 1789.

1350.

21. VUE DE LA RADE D'UN PORT DE MER, EFFET DE SOLEIL COUCHANT. — *Toile ; hauteur, 30 pouces; largeur, 40.*

La gauche de l'entrée du port est défendue par de grosses tours qui forment un édifice colossal reflété des rayons brûlants du soleil sous un ciel vivement éclairé, on aperçoit un beau vaisseau à trois mâts dont l'équipage vient de jeter l'ancre et de carguer les voiles; on aperçoit aussi près d'un rocher de forme sauvage et bizarre un autre vaisseau en carénage. Les quais et rivages sont enrichis de figures variées d'attitudes et de costumes, du temps à la vérité, mais qui ont l'intérêt que met toujours le génie, même quand il copie.

LE MÊME.

3150.

22. LES CASCATELLES DE TIVOLI. — *Toile ; hauteur, 30 pouces; largeur, 40.*

Même dimension que le tableau précédent, et son inséparable compagnon, il représente, sous l'aspect du plus beau et du plus riant paysage, la partie dominante de cette délicieuse villa dont les collines montent et descendent d'un mouvement doux à l'œil et dont la végétation étale des trésors en amphithéâtre; les eaux y arrivent pures, fraîches et abondantes, et courent de rochers en rochers. C'est le portrait fidèle d'une de ces belles matinées d'Italie.

LE MÊME.

2030   23. *Toile ; hauteur , 30 pouces ; largeur , 36.*

Magnifique paysage à effet de soleil couchant, offrant sur la partie gauche de hautes montagnes couronnées d'une ancienne forteresse défendue par plusieurs grosses tours crénelées ; à leur pied coule une rivière dont les bords sont garnis de femmes occupées à laver ; à droite quelques figures de pêcheurs.

Dans cette œuvre de la plus belle époque du talent de Joseph Vernet, en opposition avec la fraîcheur et la douce clarté du matin, il a représenté le soleil s'élançant du sein d'une mer immobile , environné d'or, de pourpre et de feu, éclairant des rives heureuses avec une effrayante vérité.

LE MÊME.

2010   24. MARINE. — *Toile ; hauteur, 30 pouces ; largeur, 38.*

Effet de soleil couchant, éclairant un port de la Méditerranée, refuge de plusieurs bâtiments et embarcations. Des matelots sont occupés à rouler des ballots, des mulets sont aussi chargés de marchandises ; partout on voit le mouvement et l'activité industrielle. La base d'un rocher couronné par une forteresse reçoit les eaux impétueuses d'un torrent qui vient tomber en cascade.

Dans les tableaux de cette collection il a bien saisi l'ensemble des tons que la nature présente aux différentes heures du jour, il a rendu admirablement l'imposante noblesse des vaisseaux, leurs agrès, les mâts brisés, les voiles déchirées et les malheureuses victimes de scènes aussi vraies que pathétiques ; les temps calmes, il les a peints dans des jours sereins avec le charme et l'enchantement de la nature ; ce sont des mers tranquilles sillonnées par des vaisseaux poussés par un vent léger ; ce sont de paisibles rivages sur lesquels des pêcheurs fortunés, au milieu de leurs douces occupations, semblent chanter leurs amours et leur liberté.

VANGOYEN (Jean). — 1596 à 1656.

1410

25. Toile ; hauteur, 34 pouces ; largeur, 44.

Grand édifice rustique élevé sur les bords d'une rivière ; il sert de colombier à deux étages ; cet agreste et singulier monument se joint à deux bouquets d'arbres qui prêtent leur ombrage à quelques restes de maisonnettes villageoises placées au bord de l'eau ; trois embarcations en occupent la surface, barque à voile, bateau de pêcheurs et batelet de passage.

On rencontre difficilement des ouvrages de ce peintre dignes d'entrer dans une collection de premier ordre, ils sont ordinairement d'un gris factice, couleur devenue vicieuse à cause d'un bleu de Harlem alors fort à la mode ; mais celui-ci dépasse les bornes du badinage, il y a réussi avec toute la force et le charme pittoresque des Ruysdael.

RUYSDAEL et NICOLAS BERGHEM (Jacques.) — 1640 à 1681.

26. Le grand chêne. — *Toile; hauteur, 35 pouces ; largeur, 40.*

Dans ce paysage d'une dimension qui dépasse de beaucoup la proportion de chevalet, Ruysdael a copié la nature avec sentiment et fidélité, et répandu sans affectation la poésie la plus touchante; on n'y voit point de pompeux édifices, ni les nobles débris d'une belle architecture, rien des tristes souvenirs d'une grandeur évanouie, on y voit ce qu'il a voulu exprimer, la couleur forte et harmonieuse de la nature et les sites vierges qu'elle semblait avoir créés pour lui.

Un grand et majestueux chêne terminant la lisière d'un bois, étend ses branches au-dessus de massifs d'arbres plantés sur un terrain sablonneux entouré de broussailles et de ravins, qui sont le résultat d'un sol aride. Tout ce rideau de verdure se détache d'une façon très-prononcée sur l'espace clair et vaporeux du ciel. Plusieurs figures de voyageurs à pied et à cheval, un pâtre et des moutons confiés à sa garde doivent ajouter un prix inestimable à ce capital tableau; ces figures sont dues au pinceau de Berghem : ces deux talents jumeaux n'ont rien créé de plus parfait d'ensemble.

LE MÊME.

2620.   27. LE PONT DE BOIS. — *Hauteur, 18 pouces;*
largeur, 24.

Paysage agreste dont le site doit être pris dans un lieu voisin d'une forêt sauvage et tenant à un terrain élevé et sablonneux ; cette partie dépouillée de végétation n'est ombragée que par le secours de grands arbres qui, chargés de feuillage, laissent encore voir leurs branches noueuses et desséchées ; une rivière dont les eaux verdâtres sont chargées de roseaux et d'autres plantes aquatiques baigne le pied d'arbrisseaux et de buissons, et sépare le premier plan du second par un pont de bois qu'une femme et un enfant vont passer. Un ciel nébuleux convient à cette mystérieuse composition, dont la lumière qui vient frapper les monticules sablonneux achève de compléter l'effet.

LE MÊME.

3630.   28. *Bois; hauteur, 13 pouces; largeur, 15.*

Ruysdaël aimait à peindre des débris d'édifice, ces coins de bois mystérieux favorables aux rêveurs philosophes, ces demeures silencieuses et ces touffes de verdure de la plus puissante végétation, qui, malgré qu'elles portent l'esprit à la tristesse, plaisent aux yeux par l'unité et la simplicité de leurs formes.

On voit ici de grands arbres qui répandent leur ombrage sur une partie des eaux dormantes qui protégeaient un ancien château bâti en brique et dont une tour carrée est le seul vestige qui reste de sa construction.

Ce paysage a des effets de lumières piquantes par leur disposition, et ses oppositions de brun et de clair n'ont rien de dur, elles sont fortes mais pleines d'harmonie, elles sont les preuves incontestables de la vigueur et de la beauté de son coloris.

BLIECK ou DLIET. — 1653.

605. 29. LA VUE INTÉRIEURE DE LA CATHÉDRALE D'HARLEM. — *Bois; hauteur, 33 pouces; largeur, 41.*

Le chœur est séparé par une balustrade en bois ; d'un côté la chaire à prêcher et de l'autre le buffet d'orgue. Plusieurs figures ajoutées par le pinceau de Vanderpoel sont touchées tout-à-fait dans le goût d'Albert Cuyp, elles en ont la pâte et la vigueur, et le choix varié des costumes augmente encore l'intérêt de cette grande et imposante réunion. Aucun historien ne mentionne ce peintre dont les ouvrages sont rares en France, mais que les Hollandais apprécient dans toute leur valeur.

WEENIX (JEAN-BAPTISTE.) — 1621 à 1660.

3460 30. LE PORT ANTIQUE. — *Toile; hauteur 30 pouces, largeur, 40.*

Près du rivage de la mer et dont l'horizon laisse découvrir une grande quantité de bâtiments de guerre, s'élèvent les ruines d'une ancienne ville et les colonnes à chapiteaux corinthiens, imitation de celles du temple de Jupiter Stator ; une pyramide et un tombeau en granit rouge augmentent encore cette série de monuments antiques. Parmi les figures les plus remarquables, des militaires sont disposés à s'embarquer ; un officier dans un ajustement plein d'élégance, assis près d'une jolie dame hollandaise, a déposé son chapeau et sa carabine ; son humeur un peu trop entreprenante le porte à des gestes repoussés avec dédain par la belle voyageuse. Assez près de là un jeune chasseur, vu par le dos, tient en laisse un lévrier blanc, et un valet palefrenier retient la bride d'un beau cheval blanc prêt à se cabrer.

Tout ce mélange de choses variées ne constitue qu'une composition de convenance et de lieu ; mais Weenix, comme les Hollandais en général, a exposé aux regards de son spectateur ce qu'il réussissait le mieux à peindre ; il n'est ni Paul Potter, ni Berghem, ni Karel Dujardin, c'est lui, le plus fort coloriste dans le genre extérieur avec une finesse de nuance que le brillant et le fini du pinceau ne gâte point ; il sait passer par des transitions telles que la nature les offre, mais qu'il n'est pas donné à tous les artistes d'imiter, ni même d'apercevoir.

LE MÊME.

31. LE TOIT RUSTIQUE. — *Bois ; hauteur, 22 pouces ; largeur, 34.*

Ce ne peut être que sous un ciel inspiré des souvenirs de l'Italie, de ses monuments et de ses modèles élevés que le peintre a pu rendre d'une manière aussi attachante tous les objets qu'il s'est plu à développer dans ce magnifique ouvrage. Près d'un toit abandonné, une jeune fille, assise, déplore la perte de son coq, victime, sans doute, des agaceries d'un chien épagneul qu'un jeune garçon se permet de châtier : c'est un premier point de figures épisodiques; sur un autre plan, des hommes de guerre ont déposé leur pesante cuirasse pour se rafraîchir et fumer leur pipe ; en troisième plan, un mouton, une brebis, un vieux bouc et de nombreux troupeaux de bœufs, qui forment caravane sous un ancien arc de triomphe, complètent le mouvement répandu par tout ce capital et délicieux tableau, dont l'ordonnance est neuve, riche de détails et de tout ce qui porte l'empreinte d'un grand génie en peinture.

VANDEVELDE (Adrien). — 1639 à 1672.

32. Mercure et Argus. — *Bois ; hauteur, 20 pouces ; largeur, 26.*

Selon les mythologues, Junon confia à Argus Io qu'elle venait de changer en vache ; mais Mercure endormit au son de sa flûte le maladroit et crédule surveillant, et lui coupa la tête. C'est le sujet du tableau d'Adrien Vandevelde, et peut-être le seul qui lui convînt pour présenter la nymphe métamorphosée en une belle vache blanche, distinguée de forme et de couleur parmi ses compagnes ; elle est isolée des moutons, des béliers qui paissent dans un paysage richement boisé, dont le milieu offre le développement d'un chêne de haute proportion et qui étend ses branches sur toute la partie nourricière d'un vaste pâturage.

Ce tableau, de la plus haute importance par sa dimension et la qualité supérieure du pinceau, est cité dans différents auteurs comme très-capital et porte la date de 1665. Il provient de la collection de M. Depreuil, alors gouverneur du grand-duché de Berg, et dont la vente fut faite par Lebrun, en 1811. Il est consigné dans son ouvrage de la *Vie des peintres flamands*. Le dessin seul, à l'encre de Chine, et qui était l'étude de ce tableau, fut vendu, en 1833, dans le cabinet de M. Goll, d'Amsterdam, 889 florins. Les ouvrages d'Adrien Vandevelde ont atteint depuis quelques années des prix tels que leur progression a toujours été croissante.

LE MÊME.

33. LE PATRE MUSICIEN. — *Bois*; *hauteur*, 10 *pouces*; *largeur*, 13.

Un autre délicieux petit tableau d'une heureuse proportion de chevalet, il offre la vue d'un site boisé au milieu duquel se trouve une fontaine embellie d'un vase sculpté ; près de ce monument de décoration un pâtre tient sur ses genoux une jeune bergère, et consacre ses loisirs à la charmer des accents de sa flûte ; une vache, un mouton et deux agneaux reposent auprès d'eux, sur une pelouse printanière.

C'est dans les collections de Montribloud, en 1784, et Tolozan en 1801, que ce précieux tableau est consigné ; il porte la date de 1671.

GUÉRARD BERKEYDEN. — 1643 à 1693.

7140 34. LA CATHÉDRALE D'HARLEM. — *Toile; hauteur,*
       32 pouces; largeur, 42.

Sa place, les petits édifices qui l'entourent, bâtis
en brique et qui servent d'asile aux marchands de
poissons, des figures qui peuvent être considérées
comme des acheteurs, un jeune homme conduisant
un lévrier, des promeneurs sur une grande et large
place, c'est la représentation avec bonhomie de ce
que le peintre aura vu ; aussi l'a-t-il rendu avec une
vérité d'optique, une vérité de lieux ; c'est la couleur
hollandaise, l'esquisse d'un Vanderheyde, presque
sa patience et son exactitude. On verra par le tableau
suivant combien le peintre a varié son exécution.

BERKEYDEN.

1005 35. L'ENTRÉE DU PORT D'AMSTERDAM. — *Bois; hauteur,*
       13 pouces; largeur, 21.

Église paroissiale et fontaine sur une place publique aboutissant à une porte de ville donnant sur le
port d'Amsterdam; des jeunes filles sont occupées à
laver, une autre assise sur sa monture cause avec
elles en surveillant un chariot attelé. Un grand effet
de soleil qui frappe sur plusieurs parties des monuments forme une opposition piquante avec des parties
d'ombres dont les demi-teintes sont ménagées avec
un art admirable.

Ce n'est plus Berkeyden, peintre secondaire dont

le ton est quelquefois abusivement briqueté, d'une sécheresse de touche ou d'un dessin peu arrêté ; c'est
le pinceau gras de Vanderheyden, c'est plus qu'il
n'a jamais fait, et il a bien fallu le trouver tel pour
lui donner accès au milieu des chefs de cette grande
famille de peintre hollandais.

METZU (Gabriel.) — 1615 à 1658.

36. La visite de l'amant. — *Toile; hauteur,* *30 pouces; largeur,* 25.

On ne rencontre guère dans les cabinets que de
très-petites et familières compositions, des écrivains à
leur table, des malades avec leurs médecins, des dames
à leur toilette ou une chétive marchande de volaille ;
mais un sujet combiné de plusieurs figures dans les
proportions de douze à quatorze pouces, c'est ce qu'il
est assez rare de rencontrer, et après le marché aux
herbes du Louvre, ce tableau peut aisément prendre
rang ; d'ailleurs ses précédents, c'est-à-dire six cabinets précieux dont il a fait l'ornement principal, dé-
posent en sa faveur, et justifieront peut-être notre
assertion.

Dans un intérieur d'appartement de bonne et ancienne maison hollandaise, une dame élégamment
vêtue, ajustée d'une robe de satin blanc bordée d'une
dentelle d'or, paraît avoir terminé sa toilette et laisse
à sa servante le soin de placer à l'écart un bassin d'ar-
gent dont elle s'est servie. A l'instant même, et dans
la contenance la plus discrète, entre un monsieur
dans un costume d'étoffe noire, qui présente une res-

pectueuse révérence et paraît être attendu de la dame. Dans ces sortes de sujets l'attitude est quelquefois gauche, froide ou maniérée; ici, l'aisance la plus complète règne partout, et Metzu plus que tout autre peintre était homme à s'affranchir des poses ridicules. Profond dans son art, habile dessinateur, peintre d'un goût exquis, il a su répandre partout de la noblesse, et l'imitation sur la toile du ton le plus parfait.

Combien d'amateurs ont été curieux de posséder ce beau et capital tableau gravé dans la collection Choiseul.

Voici les différents cabinets dont il a fait partie depuis un siècle :

En 1735, collection Schuylembourg.
En 1743, collection Hoegenburg.
En 1768, collection de Gaignat.
En 1772, collection du duc de Choiseul.
En 1777, collection Randon de Boisset.
En 1801, collection Robit.

LE MÊME.

37. La petite couseuse. — *Hauteur*, 10 *pouces; largeur*, 6.

Elle est vue à moitié corps dans une embrasure de croisée ornée de vigne tout autour, son attitude et son regard indiquent qu'elle suit encore les traces d'un ami qui l'a quittée; elle a les deux mains posées sur un coussin, et dans l'une elle tient un mouchoir

4

blanc. A l'une des embrasures de la fenêtre est pendue une petite cage d'oiseau.

Ce précieux petit tableau, échantillon du plus beau pinceau de ce maître, où les teintes les plus opposées sont mises en harmonie, est sans doute un portrait; c'est la nature, mais la nature embellie par le goût et l'esprit d'un talent supérieur.

Collection du comte de Merle en 1783.
Collection Destouche en 1794.
Collection Vanleyden en 1804.
Collection Choiseul-Praslin en 1808.

PAUL POTTER. — 1625 à 1654.

38. LE PATURAGE. — *Bois; hauteur, 14 pouces; largeur, 21.*

Près d'un gros chêne et dans une prairie offrant l'étendue d'un vaste pâturage, une vache vieille de service est couchée paisiblement, elle est vue de profil et près d'un jeune taureau blanc tacheté de rouge, et un autre de couleur noire aussi couché et endormi; toujours et faisant suite au même troupeau, une jeune vache rouge semble se lever pour s'approcher d'un taureau à poil blanc et sali par la terre. Deux autres tachetés de noir se battent à coups de tête; vers le milieu de la prairie on voit passer une charrette attelée de deux chevaux. La plaine est bordée à l'horizon par un rideau d'arbres d'où s'élève l'église d'un village.

En ne comprenant dans ce rare et magnifique tableau les figures que comme accessoires, on compte encore un troupeau de neuf animaux ; c'est le complément des œuvres les plus riches de Paul Potter, toutes les conditions éminentes y caractérisent son immense talent : correction de dessin, force de couleur, justesse de pose , énergie d'exécution, il a tout réuni. Il semble avoir choisi son site pour faire valoir ses animaux ; il a bien saisi leur sorte d'expression, la physionomie de leur âme et l'esprit de leur instinct. Aucun homme n'a prouvé mieux que lui qu'on peut faire des tableaux très-intéressants avec peu d'objets quand ils sont bien vrais, et qu'ils ont bien reproduit ce qui les rend attachants dans la nature ; c'est avec un peu de terrain couvert de gazon, quelques fleurs des champs et ces bons animaux utiles aux travaux rustiques, qu'il a fait un tableau délicieux dont le pouvoir est de charmer à la fois les yeux et l'esprit.

On lit sur le bas à droite la date de 1651. L'auteur peignit ce tableau à l'âge de vingt-six ans, et mourut à vingt-neuf.

Collection Vassenaer Opdam.
Collection du duc de Praslin en 1793.
Collection de Robit en 1801.

LE MÊME.

12100, 3g. La prairie. — *Bois; hauteur,* 14 *pouces; largeur,* 12.

Sous un ciel mystérieusement couvert, chargé de nuages indiquant un temps orageux, deux bœufs,

l'un blanc et l'autre de couleur mélangée, vont cher-
cher à s'abriter contre un arbre pourvu d'un large
feuillage, et retrouver leurs compagnons arrivés
avant eux ; les deux principaux animaux sont vus de
profil et se détachent admirablement sans se nuire
l'un à l'autre, quoique d'un ton bien différent ; ils
ne quittent que pour un instant la prairie qui leur
fournit une pâture abondante, et retourneront bien-
tôt reprendre cette herbe fleurie, qui fait la parure
des champs qu'ils habitent. Le lointain laisse apercevoir une cabane perdue dans les futaies qui entourent un village.

LE MÊME.

40. L'ABREUVOIR. — *Toile ; hauteur, 15 pouces ;
largeur, 24.*

Sous une arche de pont très-élevé, dont le parapet
est en partie ruiné, un homme conduit à la rivière son
cheval alezan brun ; derrière lui un valet monté sur
un beau cheval gris-pommelé qui se cabre et refuse
d'entrer dans l'eau, il est suivi d'un autre cheval bai
qu'il tient en laisse, et dont le pas indique plus de
docilité. Sur un terrain plus élevé on aperçoit une
porte de ville vers laquelle s'achemine un paysan ;
des gens du peuple sont sur le haut du pont, dont
la culée est bâtie en pierres et briques ; un ciel très-
chaud, quoique légèrement nuagé, marque le milieu d'une belle matinée d'été.

C'est une variété au talent du peintre, déjà si supérieur dans ses troupeaux de vaches, et pour le

moins aussi habile à représenter les chevaux dans les attitudes les plus difficiles.

Collection de M. Dacosta, 1764.
Marquis de Marigny. . . 1775.
Robit. . . . . 1801.

BÉGA (Corneille). — 1620 à 1664.

1020 . 41. La leçon de musique. — *Hauteur, 15 pouces; largeur, 14.*

Dans une pièce ornée d'accessoires relatifs à l'étude, un musicien professeur accompagne avec son violon la voix d'une dame qui paraît solfier. A en juger par l'attitude de la main, on doit croire qu'elle bat la mesure.

Cette studieuse disciple d'Apollon est debout et vêtue d'une robe de satin de plusieurs nuances et négligemment ajustée; un tapis de Turquie posé sur une table occupe une grande partie de l'appartement où cette scène est représentée.

Corneille Béga, dans cette heureuse production, devient l'égal des Miéris; exempt de ces teintes violâtres dont il a quelquefois abusé, il s'est élevé au niveau des grands maîtres, et semble avoir voulu défier la finesse et le moelleux de leur pinceau : c'est une volonté qui ne lui a pas toujours réussi.

BOTH (Jean), dit BOTH d'Italie. — 1610 à 1750.

31/0 .

42. Les Appennins. — *Toile; hauteur, 24 pouces; largeur, 40.*

Un des beaux paysages à effet de soleil couchant, dont le site est pris dans une des contrées brûlantes de l'Italie, à en juger par les rochers couverts de mousse; le sol sur lequel ils reposent ne produit que des plantes sauvages, des buissons, de légers arbustes; cependant un ruisseau rafraîchit ce pays inculte, animé par plusieurs figures de paysans et mulets, dues au pinceau de Nicolas Berghem, et l'ensemble de ce paysage, dont il est possible que le site ait été pris dans les Appennins, brille par une couleur si piquante, une exécution si libre, si facile, si spirituelle, qu'on ne se lasse point de l'admirer; c'est le propre des tableaux de Both, le Lorrain hollandais, de captiver long-temps l'attention par des masses légères de quelques grands arbres qui répandent une ombre transparente sur le terrain, et si l'on ne craignait pas des répétitions fatigantes à rencontrer, on devrait ajouter qu'il serait difficile de trouver un autre tableau de Both qui fût plus parfait que celui-ci.

DU MÊME.

3180

43. *Bois; hauteur, 36 pouces; largeur, 50.*

Le long séjour de ce peintre dans toutes les contrées riantes de l'Italie, lui fit exploiter les lieux qui lui semblaient le plus convenables au développement de son talent ; il a fait choix ici d'un site ombragé par de grands arbres dont le feuillage épais se détache sur une partie de ciel ; d'autres arbres, moins élevés, prennent racine contre un roc surmonté d'un gros chêne et ne doivent leur peu de végétation qu'à un ruisseau qui se perd dans les ravins.

Plusieurs figures peintes par André Both sont celles d'un cavalier voyageur avec son chien, d'un paysan sur sa monture et quelques autres, perdues dans le lointain ; elles sont dans une harmonie parfaite avec le paysage.

BACKUYSEN. — 1632 à 1709.

3260. **44.** L'ENTRÉE DU PORT D'AMSTERDAM. — *Toile ; hauteur, 16 pouces ; largeur, 20.*

Les eaux sont doucement agitées et préparent une heureuse arrivée à d'imposants navires qui se disposent à prendre asile dans ce vaste entrepôt, et profiter d'une mer tranquille, sillonnée par des vaisseaux, poussés par un vent léger.

Ce n'est plus ici le désordre des éléments ; c'est un jour serein qui peint le charme et l'enchantement de la nature, contraste frappant des scènes vraies et pathétiques où le peintre a représenté quelquefois les malheureuses victimes du choc épouvantable des ondes. Tout le spectacle est dans l'imposante noblesse des vaisseaux qui, peu-têtre, au retour d'un long voyage, seront, pour quelque temps au moins, à l'abri de la fureur des vents et du désordre affreux causé par les tempêtes.

Il n'appartient qu'au génie de rendre ces effets passagers, cette apparente agitation ou ce calme paisible, cet air de vie, qui nous font regarder Backuysen comme un des plus vrais, un des plus grands peintres de marine.

LE MÊME.

3766. 45. MARINE, PAR UN GROS TEMPS. — *Toile ; hauteur 24 pouces ; largeur, 30.*

Sur une vaste étendue de mer, dont les flots viennent battre une jetée, on aperçoit des navires à voiles déployées ; un vaisseau de guerre, paré de ses agrès, de ses voiles et de ses oriflammes, vient de sortir du port et prend sa course ; en avant de lui un autre bâtiment cingle vers l'horizon ; deux barques de pêcheurs sont plus près du rivage où l'on aperçoit plusieurs figures d'hommes, femmes et enfants.

Peu de peintres comme Backuysen ont donné aux flots de la mer autant de beauté, d'énergie, et, pour ainsi dire, d'expression ; il a suivi avec une scrupuleuse exactitude toutes les formes qu'ils prennent, soit dans leur cours majestueux, soit dans leur terrible courroux, ou que, baignant les rives de masses blanchissantes, impétueux, ils frappent les rochers et s'élancent jusqu'aux cieux.

Dans cet admirable tableau il a rendu parfaitement la belle forme des nuages, de ces corps immenses et légers, éblouissants, ténébreux, montagnes flottantes, élevées et dissipées par les vents.

KUYP (Albert.) — 1606.

46. L'avenue du vieux chateau et la ville de Dordrecht. — *Toile; hauteur, 28 pouces; largeur, 37.*

Sur le premier plan on voit un seigneur portant un manteau d'écarlate et descendu d'un beau cheval bai, il le tient par la bride ainsi qu'un autre cheval noir; près de lui une vache couchée et une autre vache qui descend dans la prairie; de là part une longue avenue qui conduit droit au vieux château d'où sort un autre cavalier, et du côté opposé on voit un canal où deux hommes sont occupés à pêcher; on aperçoit la ville de Dordrecht, le haut de sa tour, ses clochers et quelques maisons d'habitation.

Voici un des chefs-d'œuvre du peintre, et dans toutes les conditions de talent qui le font rechercher; un paysage à effet de soleil, vaporeux et parfaitement dégradé, des vaches, des chevaux, une prairie, un peu de marine, des figures bien motivées, enfin tout ce qui caractérise le talent de ce grand peintre dont les ouvrages sont devenus excessivement rares.

Il a fait partie de la collection de Desmeth, d'Amsterdam, en 1800,

Et de celle de M. de Séréville en 1811.

WOUVERMAN (Philippe.) — 1620 à 1668.

47. Le marché aux chevaux. — *Bois; hauteur, 30 pouces; largeur, 32.*

Dans une enceinte d'une grande étendue, bordée sur toutes les lignes par un paysage clair et brillant formé de hameaux pittoresques, on compte plus de vingt-quatre chevaux de race et de poil différents, d'une forme gracieuse et noble, pris dans ces coursiers élégants qui contribuent avec joie aux plaisirs d'une classe d'hommes dont ils semblent partager les inclinations. Parmi eux se mêlent plus de cinquante personnages utiles ou curieux qui se répandent sur tous les points de cette vaste plaine. Ici le peintre a fait un choix de site et d'objets qui lui est tout-à-fait particulier et qui rentre précisément dans le caractère distinctif de son talent; il se plaisait à peindre des chevaux et il a choisi le lieu, le sujet où ces intéressants animaux jouaient les premiers rôles.

Coloriste comme on l'est en Hollande, Wouverman a un ton à lui, très-prononcé; ses teintes sont vigoureuses, énergiques, douces et vaporeuses; il a su par une touche très-soignée, légère et spirituelle, rendre la nature sans affectation.

Quelle peut être la valeur intrinsèque d'un tableau de cette importance, je ne pense pas qu'il soit facile de la préciser; j'ai vu vendre 300 louis des ouvrages de ce peintre, composés de deux ou trois chevaux tout au plus, dont la surface plane pouvait répondre à neuf ou dix pouces; dans la proportion arithmétique, celui-ci ne devrait-il pas atteindre un chiffre très-élevé? mais que cette observation n'aille pas intimider l'amateur ardent, courageux et enthousiaste, il possédera, selon le dire des hommes éclairés et habitués à porter chaque chose à sa juste valeur, il possédera le chef-d'œuvre de Wouvermans consigné dans les auteurs historiens sur la peinture comme le type du plus beau pinceau de ce grand peintre.

On le trouve gravé par Moyreau au n. 18 de son œuvre.

En 1737, il a fait partie de la collection de la comtesse de Verrue.

En 1768, de celle de Gaignat.

Et en 1801, il fut acquis par Séguin dans la collection Robit.

LE MÊME.

48. Choc de cavalerie. — *Toile ; hauteur, 21 pouces ; largeur, 24.*

C'est une poésie de carnage qui anime cette scène peinte avec une aisance, une énergie qui ne détruisent rien du charme du pinceau.

Au revers d'une colline et dans une plaine entourée de montagnes, se livre une bataille entre des fantassins et des cavaliers ; toute la ligne du premier plan se trouve occupée par des assaillants qui, armés de pistolets, de sabres, de carabines, attaquent et ripostent les uns contre les autres ; partout du mouvement et des expressions de cris funèbres ; la discorde et la rage semblent triompher au milieu des maux qu'elles font, et la soif du combat embrase tous les combattants : c'est un théâtre de carnage, de blessures et de mort. Mais la peinture a aussi son côté merveilleux, son illusion mensongère qui rassure contre les dangers de la réalité ; c'est un rêve dont le réveil n'a rien d'alarmant ; l'œil est tout occupé du merveilleux du tableau, et la muse de la peinture, n'ayant point d'amertume et de fiel, ne montre plus au spectateur qu'un drame en action qui ne fait de mal à personne.

LE MÊME.

6730, 49. LE RETOUR DU MARCHÉ.—*Bois; hauteur, 12 pouces; largeur, 9.*

Sur un chemin qui traverse une plaine, arrive à pas lents et comptés une charrette de laitière, conduite par un paysan; le cheval est blanc, d'allure fatiguée; il traîne cependant tout le bagage rustique, foin, paille, cage à poulet, pots en cuivre et tous les accessoires d'un transport de campagne. Au coin d'un petit bois coupé, une femme, assise sur son paquet, allaite son enfant; le paysage se termine par des lointains de montagnes dégradés de ton et de lumière; l'état du ciel est beau et serait plus brillant encore sans quelques nuages qui commencent à se former des vapeurs de la terre.

Ce précieux petit tableau est gravé par Strange et par Hervey.

Il a fait partie des collections suivantes :

Lalive de Jully, en 1769.
Duc de Grammont, en 1773.
Randon de Boisset, en 1777.
Chevalier de Cleves, en 1786.

LE MÊME.

50. **Le trompette.** — *Bois; hauteur, 14 pouces; largeur, 15.*

Auprès d'une tente ornée de drapeaux, d'enseignes flottants, et qui sert de buvette près d'un camp, un cavalier disposé à monter un cheval blanc lui ajuste la bride; un autre cavalier monte un cheval bai, et tous deux doivent accompagner une dame, amazone élégante déjà assise sur son impatient coursier et prête à les suivre; le trompette est en avant, monté sur un beau cheval brun, il tient son clairon à la main et détourne un peu la tête pour prendre les ordres et sonner le départ. Un mendiant à jambe de bois, placé dans la demi-teinte, est une figure accessoire, et toute cette cavalcade élégante est couverte d'un ciel clair dans des parties, et accidenté de nuages passagers.

LE MÊME.

51. **Le départ pour la chasse au faucon.** — *Cuivre; hauteur, 7 pouces, largeur, 9.*

Sept chevaux et mulets attendent impatiemment dans l'intérieur d'un parc le moment du départ; ils vont quitter une treille qui les abritait, contre une ruine d'architecture, et s'élancer dans une campagne semée de buissons et de fabriques.

LE MÊME.

52. Le cabaret. — *Cuivre; hauteur, 7 pouces; largeur, 9.*

La halte a lieu près d'un cabaret qui fait face au plus riant et délicieux paysage; cinq cavaliers et dames y sont arrêtés et profitent d'un instant de repos pour faire rafraîchir et désaltérer leurs chevaux.

A ces pittoresques amusements, le peintre a réuni la galanterie qui s'y mêle souvent dans les personnes d'un rang distingué; les dames viennent y prendre part, et leur présence porte un nouveau charme à ces brillants cortéges; elles partagent leurs pénibles délassements avec des grâces nouvelles; elles vont parcourir les bois et faire flotter l'élégance de leur parure à côté de la mâle fierté des hommes et des chevaux.

Ces deux diamants de la peinture ont une conformité telle qu'ils n'ont jamais été désunis.

Ils ont été gravés par Moyreau, n°⁵ 11 et 12 de son œuvre.

En 1739, ils étaient dans la collection de la comtesse de Verrue.

En 1777, dans celle de M. Randon de Boisset.

En 1793, dans la collection du duc de Praslin.

LE MÊME.

17/00   **53. LE DÉPART POUR LA CHASSE AU FAUCON. —** *Toile ;*
hauteur, 21 pouces ; largeur, 25.

Près de l'avenue d'un château ombragé de grands
arbres, un seigneur se dispose à partir pour la
chasse, il est accompagné d'une dame vêtue de satin
jaune et la tête couverte d'un voile ; elle monte un
cheval alezan clair et porte sur le poing l'oiseau qui
doit voguer dans l'air ; un piqueur monté sur un
cheval gris à tous crins précède un jeune valet qui
conduit deux chiens en laisse.

LE MÊME.

5000   **54. LE CERF FORCÉ. —** *Toile ; hauteur, 48 pouces ;*
largeur, 60.

Riche et vaste paysage de site montueux ; on
voit au milieu un reste de ferme à colombier, la
base est dégarnie de pierres et de briques, et descend sur le bord d'une rivière formant torrent, et
dont les eaux se fraient un passage à travers les
rochers ; des voyageurs accompagnés de dames ob-
servent les effets pittoresques et le mouvement des
eaux, tandis que d'intrépides chasseurs suivis de
leurs chiens poursuivent un cerf et sont près de l'atteindre.

Ce n'est plus ici un choix de travail qui demande
le secours de la loupe, c'est une page d'une grande
et majestueuse dimension, plus qu'un haut de ga-

lerie, parce que trop de détails intéressants seraient perdus; mais ce tableau est un de ceux dans lesquels le peintre a voulu prouver que sa muse avait aussi la taille, et pouvait atteindre aux conditions qui doublent la célébrité.

PYNACKER.

1710

55. — Bois; hauteur, 12 pouces; largeur, 15.

Effet de soleil couchant éclairant toute la partie droite d'un paysage de site montueux; cette partie, frappée d'un bel effet de lumière, offre sur le premier et deuxième plan quelques figures d'hommes et femmes au repos sous un arbre, puis un paysan conduisant un mulet et un autre son troupeau; l'opposé de ce gai paysage présente des hauteurs de rochers d'où s'échappent des eaux qui tombent en cascade et viennent se répandre sur un terrain rocailleux. Un grand arbre, dont les feuilles commencent à se faner, s'élève librement et se détache sur un ciel très-lumineux.

Beaucoup de ces petits détails, que l'on appelle broderies en peinture, contribuent par leur pittoresque distribution à l'agrément de cet excellent tableau, d'une conservation bien intacte, qui participe du jeu brillant de lumière de Both d'Italie, et qui réunit toutes les qualités d'un peintre dont les ouvrages sont ordinairement assimilés à ceux des premiers paysagistes de son école.

PYNACKER (Adam). — 1621 à 1673.

56. *Toile* ; *hauteur, 38 pouces* ; *largeur, 32.*

Un paysage, dont le site, cherché et étudié par le
peintre, lui a fourni l'occasion de placer un corps
d'arbre de l'espèce la plus forte, accidenté de ta-
ches sur les écorces, refleté d'effets de lumière dans
toutes ses parties ; il occupe presque tout le milieu
du tableau, dont les différents plans offrent des semés
de petits arbustes, de buissons, de brindilles de bois,
qui viennent pour ainsi dire s'incliner autour de lui.
Une vache animée sans doute par les jappements
d'un chien, se dispose à l'attaquer avec ses cornes.
Un soleil pénétrant, qui se fait jour à travers un percé
de forêt, vient frapper et colorer jusqu'aux moindres
détails de ce magnifique tableau dont les effets piquants et la belle exécution l'ont classé depuis long-
temps parmi les œuvres les plus remarquables de la
belle école hollandaise.

MEULEN (Vander.) — 1634 à 1690.

57. *Toile* ; *hauteur, 22 pouces* ; *largeur, 30.*

Ce sont presque toujours des attaques de convoi
dans des gorges de montagnes ou sur un tournant
de forêt. Mais aussi le coloris est brillant et vrai ; la
composition a du mouvement, il y entre comme dans
tous ses grands ouvrages du tumulte sans confusion,
de la chaleur sans rage, du pittoresque sans affecta-

tion ; il a tiré un excellent parti des effets de lumière piquants, et avec tant de goût qu'il semble avoir imité scrupuleusement la nature.

VANDERNEER (Art.)

800

58. Les patineurs. — *Bois ; hauteur, 18 pouces ; largeur, 24.*

Les Hollandais, qui sont entourés d'eau par l'abondance des canaux et des fossés qui les entourent, se livrent avec une grande habileté à l'exercice du patin ; sitôt que la glace peut les supporter, ils s'élancent avec une adresse, une agilité presque inimitables ; ce mouvement prête à des attitudes, à des poses irrégulières dont peu de peintres comme Vanderneer ont su profiter ; il a rendu avec une vérité bien sentie la nature à ces temps de froid, dépouillée de verdure et de toute nuance de végétation. Ses terrains ont toute la nudité d'une saison d'hiver, les arbres restent avec quelques branches seulement ; et malgré cette austérité de nature, il y a un charme dans ses tableaux touchés avec esprit, finesse et harmonie parfaite.

DOUW (Gérard.)

10700

59. Le joueur de violon. — *Bois ; hauteur, 12 pouces ; largeur, 7 pouces 6 lignes.*

On dit que c'est le portrait de l'auteur. Il s'est montré dans une embrasure de croisée cintrée, dont

l'appui est décoré d'un bas-relief à jeu d'enfants, et
sur lequel descend un tapis de couleur en tissu orien-
tal. Le peintre, coiffé d'une tocque de velours, tient
un violon dont il s'exerce, et nous paraît occupé à es-
sayer des préludes en attendant qu'il exécute la musique qu'il a devant les yeux ; le fond perspectif du
tableau représente un garçon s'appliquant à broyer
des couleurs.

Le portrait doit toujours être peint dans le costume
usité, et le caractère moral doit également s'y trouver ; ces deux conditions inséparables se rencontrent
ici. Les traits peu corrects et moins encore fiers et
hardis de Gérard Douw, un teint comme le coloris
de ses tableaux, velouté, frais, mais non pas d'une
touche très ferme, une physionomie qui annonce du
talent et un esprit de patience au travail, qui ne
laisse rien tant qu'il reste à faire. C'est le mérite essentiel de ce tableau, qui a tout le fini, toute la recherche, tout le précieux d'une belle miniature, et
dans lequel il n'a point oublié de rendre compte des
détails presque invisibles de la nature.

Les ouvrages de Douw ont et auront long-temps
beaucoup de vogue, parce qu'ils offrent des beautés
dont l'espèce est à la portée de tout le monde, parce
qu'ils peuvent se placer dans de petits appartements,
et qu'on trouve commode d'avoir des chefs-d'œuvre
sous les yeux et sous la main.

LE MÊME. — 1613 à 1680.

8260

60. L'ermite en méditation. — *Bois et cintré ; hauteur, 12 pouces ; largeur, 9.*

Le cénobite le plus résigné, dans la retraite la plus profonde, la tête chauve et assis devant une table sur laquelle est posé un livre de prières, tient de la main droite ses lunettes et de l'autre s'apprête à tourner le feuillet. Plusieurs accessoires, tels qu'un sablier, une tête de mort, un panier à provision, tous ces objets sont éclairés par la lueur d'une lampe.

La plupart des modèles de Gérard Douw sont des vieillards dont les mains flétries, les fronts chauves et ridés, offrent un champ délicieux à ses plaisirs et à ses triomphes ; ici, comme dans le tableau de la double surprise, l'effet de la lumière est rendu avec une prodigieuse vérité, et la figure a bien l'expression qui lui convient ; patient et laborieux imitateur de la nature immobile ou dans un très-faible mouvement, il a fait choix d'un sujet qui est le complément de la plus harmonieuse couleur, du clair-obscur le mieux observé, et dans le caractère le plus distinctif de son admirable talent.

SLINGELANDT (Van.) — 1640 à 1691.

3250

61. Intérieur hollandais. — *Bois ; hauteur, 14 pouces ; largeur, 12.*

Parmi les maîtres qui ont entre eux une similitude parfaite, il en est peu qui se rapprochent davantage de Gérard Douw comme Slingelandt, son élève, vivant à la même époque, habitant le même climat, imitant le même modèle, autant de fini et de précision dans les accessoires et les détails, de luxe et de richesse dans le pinceau.

Un bourgeois hollandais assis à une table de jeu, une pinte à la main, une pipe dans l'autre, écoute avec impassibilité un joueur de violon, qui prétend aussi charmer les oreilles d'une jeune servante appuyée sur le dos d'une chaise, et toute pleine d'une religieuse attention à écouter ce concert comique; trois petites têtes d'enfants écoutent et regardent par une moitié de porte entr'ouverte. Voilà toute l'action des personnages que le peintre a représentés dans cet intérieur d'appartement meublé à la hollandaise, c'est-à-dire de toutes choses incohérentes entre elles, mais d'une exécution à ravir; ainsi se trouve placée sur le premier plan du tableau une futaille cerclée, sur laquelle est posée une botte de carottes, un chien couché sur le pavé de la salle, une carte tombée; le plus habile peintre *d'œuvres mortes* n'a pas des détails de meuble mieux finis, mieux peints, la loupe seule peut aider à distinguer le travail.

Cité dans Descamps, page 100, t. 3.

WYNANTS (Jean) et VANDEVELDE (Adrien). — 1600 à 1670.

62. LE TERRAIN SABLONNEUX. — *Toile; hauteur, 18 pouces; largeur, 22.*

Un paysage des plus piquants offrant sur la droite une élévation de terrain sablonneux accidenté de cailloutage et de broussailles ; un chemin creux le traverse dans presque toute son étendue ; et laisse sur la partie gauche deux troncs d'arbres dépouillés de leurs feuilles, et garnis de grandes plantes bien épanouies qui se développent autour d'eux et présentent une surface large et de la plus éclatante couleur.

Les figures, qui sont peintes par Adrien Vandevelde, doublent d'intérêt et de valeur cet admirable paysage, qui a fait partie de la collection de Mme Catelan.

LES MÊMES.

63. LE FAUCONNIER. — *Toile ; hauteur, 18 pouces ; largeur, 22.*

Un autre paysage pouvant faire pendant au numéro ci-dessus et d'une grande variété de site, d'une poésie tout-à-fait naturelle, exactement vraie ; il est embelli de tout ce que la nature produit de simple en arbrisseaux, en plantes et fleurs des champs, mais dont l'exécution fait tout le mérite. Les figures sont aussi d'Adrien Vandevelde, elles s'harmonisent parfaitement avec ces campagnes, dont la grande étendue est admirablement sentie, et qui plaît aux yeux par l'unité et la vérité des formes.

LES MÊMES.

2830 64. LE VIEUX CHÊNE. — *Toile*; *hauteur*, 12 *pouces*;
largeur, 13.

Toute la belle qualité du maître est concentrée
dans un étroit paysage entrecoupé de plaines, de
villages et de montagnes. Sur un terrain inégal s'é-
lève le tronc d'un vieux chêne qui n'a plus pour
parure que quelques branches sèches et dépouillées
de feuilles; mais il se détache en relief sur les fonds
bien dégradés de ce paysage silencieux et des mo-
destes habitations qui l'environnent.

Un pâtre accompagne son troupeau de vaches et
de moutons; ce peu de figures, peintes par Adrien
Vandevelde, sont d'une intelligence parfaite avec le
paysage.

WYNANTS (JEAN).

3600 65. LE CHATEAU. *Toile*; *hauteur*, 23 *pouces*;
largeur, 18.

Une avenue d'arbres et montante conduit aux
restes d'un château d'ancienne construction, dont
les tourelles s'élevant pyramidalement sur les côtés
lui donnent un aspect bizarre; il est entouré d'eau
sans mouvement et qui reflète de grandes nuances
d'arbres d'un ton sombre et noirâtre.

Ce tableau, exécuté dans une manière Ruisdales-
que, est animé par une figure de pêcheur, de plusieurs cavaliers et dames qui mettent à profit le
délicieux ombrage qui entoure cette habitation sei-
gneuriale.

Ces figures sont encore du pinceau d'Adrien Vandevelde.

MIÉRIS (François). — 1633 à 1681.

4000. 66. *Bois et cintré; hauteur, 9 pouces; largeur, 4.*

Portrait d'un magistrat ou personnage de distinction, dont le regard est calme et posé; il est vu debout et à mi-corps sous un péristyle, d'où l'on découvre l'entrée d'un parc. Le bras droit appuyé sur une balustrade de pierre, il tient une écharpe qui sert à nouer son vêtement d'étoffe de soie et rougeâtre; il a les cheveux bruns et pendants sur les épaules; une grande cravate tombe sur sa poitrine.

LE MÊME.

5000 67. La dame de qualité. *Bois et cintré; hauteur, 9 pouces; largeur, 4.*

Au retour de la promenade et dans le moment où elle descend les marches d'un escalier qui conduit aux allées d'un parc, elle est représentée dans un costume élégant et recherché, formé de rubans cramoisis et de garnitures flottantes de la même étoffe; ils se détachent sur une robe de satin blanc. Sa chevelure est ornée de chaque côté d'un nœud de perles; deux bracelets et un collier terminent sa parure.

Ces deux tableaux, qui ont le fini et l'émail des portraits de Petitot, ont fait partie de la collection célèbre de Brankamp d'Amsterdam, en 1771.

LE MÊME.

1 9 6 0 **68. LA FEMME PEINTRE.** — *Bois et cintré ; hauteur,*
4 pouces 9 lignes ; largeur, 3 pouces 6 lignes.

Une jeune dame de la physionomie la plus douce
et à la fois expressive est représentée coiffée en cheveux, ajustée d'un manteau de soie couleur carmé-
lite nuancée, elle tient une palette à la main et des
pinceaux, et sur son bras une petite statue modèle
d'Hercule; l'extrémité de sa main droite porte sur
une chaîne d'or à laquelle est attaché un masque qui
descend sur sa poitrine.

Après l'enfileuse de perles, le *nec plus ultrà* de la
peinture achevée, on peut comprendre dans les
chefs-d'œuvre de perfection ce petit portrait de
femme, cité par Gérard de Lairesse dans son *Traité*
de la peinture, autrefois placé dans la collection de
Deher, Lublinc, Cochu et Destouches, et gravé dans
le cabinet Poulain.

HOBBEMA.

22 100 **69.** *Toile ; hauteur, 36 pouces ; largeur, 48.*

Vaste forêt partagée par une grande route et om-
brageant en grande partie une maisonnette de paysan
ou garde de bois. Tout cet épais et vert feuillage,
dont l'ombre est l'asile des bergers et des troupeaux,
porte l'empreinte des ans et s'élève orgueilleusement
sous un ciel chargé de nuages. Les figures sont re-
connues pour être du pinceau de Lingelbac; c'est

une femme qui donne l'aumône à un pauvre, accompagné d'un jeune garçon, et deux personnages qui se promenant sur la route précèdent un chasseur portant deux faucons.

Les ouvrages d'Hobbéma sont rares et plus rarement encore médiocres ; il ne s'attacha point à rendre ce que la nature a d'aimable, de doux et d'attendrissant ; mais aussi il est souvent, comme dans ce magnifique tableau, sévère dans la pensée, il atteint une couleur forte et vigoureuse qui convient parfaitement au style général de son tableau.

LINGELBAC. — 1625 à 1700.

70. Hauteur, 30 pouces ; largeur, 42.

Sur une grande place publique décorée d'un monument de forme antique se tient un marché peuplé d'un grand nombre de personnages de toutes nations, et notamment de négociants arméniens, hommes et femmes, dans des costumes singulièrement variés ; une grande tente de vivandière occupe la gauche du premier plan et se détache, ainsi qu'une statue de marbre blanc, sur des parties de ciel clair et du ton le plus franc.

Lingelbac est mis au rang des peintres distingués de son école, lorsque ses ouvrages arrivent au degré de perfection où est celui-ci, et ils tiennent une place honorable dans les riches cabinets.

VANDERHEYDEN (Jean) et VANDEVELDE (Adrien). — 1687 à 1712.

71. *Bois; hauteur, 16 pouces; largeur, 22.*

Vue de l'hôtel-de-ville d'Amsterdam et d'une partie des édifices qui l'avoisinent; la place du Dam, ouverte dans toutes les directions et d'une vaste étendue, offre sur différents points des figures d'hommes, femmes et enfants, distribuées avec intelligence, vérité de costume et dans des poses naturelles.

Vanderheyden, cet artiste aussi patient qu'habile, a représenté dans ce tableau, ainsi que dans les précédents, une vue exacte prise dans une ville de Hollande, et que ceux qui l'ont visitée reconnaîtront facilement. Rien de plus extraordinaire et de plus merveilleux que la manière dont il y a rendu dans l'imitation de chaque édifice, les pierres, les briques, les tuiles, leurs diverses nuances, leurs refents et leur dégradation perspective.

LES MÊMES.

72. LA MAISON DE PLAISANCE. — *Bois, hauteur, 18 pouces; largeur, 24.*

On raconte que la vue en est prise dans les environs de Bruxelles; mais qu'elle soit une résidence royale ou la demeure d'un simple particulier, elle n'en est pas moins une délicieuse retraite dont les parterres et les jardins sont clos par une muraille en brique, surmontée d'une balustrade à hauteur d'appui ; on y arrive par une porte monumentale, décorée de bas-reliefs, et sous laquelle une pauvre femme vient demander la charité ; un valet du château accouple plusieurs levriers.

Les figures de ce tableau sont incontestablement d'Adrien Vandevelde et de son plus beau faire.

LE MÊME.

73. — Vue de l'entrée de la ville de Cologne et de quelques édifices particuliers, parmi lesquels on distingue un moulin de brasseur.

Les figures, multipliées avec conscience par Eglon Vanderneer, sont touchées avec esprit et dans une si parfaite harmonie, qu'elles ne semblent point être l'œuvre d'une main étrangère.

WANDEVELDE (Guillaume). — 1633 à 1707.

74. Mer par un temps calme. — *Maroufflé*; *hauteur, 12 pouces*; *largeur, 14*.

Plusieurs chaloupes, dont une chargée d'un grand nombre de passagers, sont parties pour la pêche aux harengs, et sont en vue d'un vaisseau de guerre vu de profil ; sur un banc de sable, un bateau est mis à flot par le concours de plusieurs pêcheurs.

VANDERWERF (ADRIEN). — 1659 à 1722.

75. PAN ET SYRINX. — *Bois; hauteur, 14 pouces;
largeur, 11.*

Dans la partie la plus silencieuse d'un parc orné
d'un buste d'Hercule, d'un Hermès, le jeune berger, sous un épais feuillage, vient déposer sa flûte
aux pieds de son maître pour rendre hommage aux
charmes de la jeune nymphe qu'il tient dans ses
bras.

On reproche assez communément aux ouvrages
du chevalier Vanderwerf ses tons d'ivoire, factices,
éloignés de ceux de la nature; mais dans ce précieux
tableau, le peintre a été plus sûr de son pinceau,
touché plus librement; il a moins remanié et tour-
menté sa couleur, l'emploi en est plus simple, plus
franc et d'une harmonie plus durable.

VANDERMEER DE DELFDT.

76. *Toile; hauteur, 32 pouces; largeur, 28.*

Une jeune personne de carnation blonde, coiffée
en cheveux et la tête ornée de perles en bandeau;
elle est accompagnée de sa servante, debout et tenant une lettre dont elle cherche à lire l'adresse.
Ces deux figures se détachent sur un fond d'appartement mystérieusement éclairé, et rappellent, par
leur exécution large et bien prononcée, les bons ouvrages de Terburg.

MIÉRIS (GUILLAUME).

77. Bois ; hauteur, 12 pouces ; largeur, 14.

Sous le péristyle d'un palais, une jeune femme
assise, vêtue d'une tunique de mousseline, recou-
verte d'un large manteau bleu, reçoit les épanche-
ments d'une dame qui semble lui offrir des consola-
tions. Pendant ce temps, trois autres femmes paraissent se concerter sur cet incident ; un jeune homme
dont l'arrivée est inattendue paraît dans un costume
espagnol et sous une arcade ouverte.

VANDERDOES. — 1623 à 1673.

78. Bois ; hauteur, 13 pouces ; largeur, 16.

Une jeune villageoise assise sur un tertre voit avec
attention son troupeau de chèvres et de moutons au
repos auprès d'elle ; son œil est d'autant plus vigi-
lant, que sa compagne est endormie à son côté.

L'effet, le ton et l'état atmosphérique du paysage
indiquent un des grands jours de chaleur.

PEETER NEEFS. — 1570 à

*79. VUE PERSPECTIVE DE L'INTÉRIEUR DE LA CATHÉDRALE
D'ANVERS. — Bois ; hauteur, 21 pouces ; largeur, 30.*

Sur les deux parties latérales et à des distances
d'optique bien observées on voit des chapelles, des
autels décorés et des prêtres qui les desservent ; dans
le chœur et sur la nef, des figures d'assistants bien

échelonnées, variées de costume et de pose ; elles sont peintes par T. Vantulden.

Créateur de ce genre et inimité jusqu'à présent, Peeter Neefs a su tirer un avantage prodigieux de son talent ; il aurait pu devenir froid et peu intéressant, mais le génie est fécond en ressources. Une seule lumière éclairant un bâtiment régulier ne peut produire les effets frappants qui résultent des oppositions et des dégradations sensibles, il a su y suppléer ; tantôt c'est un buffet d'orgue, tantôt un mausolée, qui, placé heureusement, interrompt la régularité et donne l'opposition des ombres et des lumières ; on y aperçoit toujours une vapeur dégradée qui fait reculer les objets et distinguer les degrés de distance entre les choses représentées.

On a dit qu'il savait par cœur la cathédrale d'Anvers, et que ce modèle lui était si familier, qu'il n'en avait guère su en choisir d'autre. S'il s'est servi d'un portrait modèle, il a su du moins en varier la physionomie.

PANINI (Jean-Paul). — 1691 à 1764.

80. LES NOCES DE CANA.—*Toile ; hauteur, 30 pouces ; largeur, 52.*

Sous un riche portique d'ordre corinthien, on voit en perspective l'entrée de Saint-Pierre de Rome et de sa colonnade ; sur la droite de ce vaste palais d'architecture, le peintre a représenté à table Notre-Seigneur assistant avec ses disciples aux noces de Cana, il occupe le milieu d'une table richement servie ; le moment précis de l'action est celui où le vin

manquant au milieu de ce festin somptueux, tout-à-
coup, et par le pouvoir d'un inconnu, l'eau y produit l'abondance du vin; ce miracle opère dans les
assistants le sentiment expressif d'une profonde ad-
miration.

Panini a développé toute la physionomie de son
talent, magnificence d'architecture, ordonnance
bien prononcée, richesse dans les figures et dans les
draperies; on n'y aperçoit aucun sacrifice affecté,
et tous les objets ont la force de couleur et le degré
de lumière qu'ils doivent avoir dans la place qu'ils
occupent.

WITTE (Emmanuel de). — 1607 à 1692.

210.　81. *Toile; hauteur, 28 pouces; largeur, 22.*

Une église de protestants fermée par une grille en
fer; dans l'enceinte de ce monument du XVIIe siècle, on remarque un tombeau richement orné et
supporté par six colonnes de vert antique; deux personnes de distinction en admirent les détails, un
jeune page vêtu de bleu les accompagne.

VAN TILBORGH (Gilles). — 1625 à 1658.

1050.　82. *Hauteur, 48 pouces; largeur, 60.*

C'est une réunion de vingt figures environ dans
un intérieur d'estaminet, où deux familles sont réunies et se disposent à prendre une collation; chacun,
selon son empressement, participe à la consomma-

tion des viandes, des fromages, des fruits et des légumes dont les tables sont approvisionnées. Mouvement, gaîté, occupations variées, voilà l'image de cette réunion patriarchale.

HUGTENBURG (Jean). — 1646 à 1733.

1220 83. Choc de cavalerie. — *Toile; hauteur, 30 pouces; largeur, 36.*

Plusieurs charges de cavalerie s'exécutent près d'un terrain montueux et en deçà d'une rivière. On suppose que cette bataille est une de celles données sous les ordres du prince Eugène, et dont le peintre faisait des tableaux d'après les plans de siége et de campagne, que le prince lui envoyait; il exprimait la peur, la douleur et le désespoir, et caractérisait chaque nation d'une manière qui la faisait aisément reconnaître.

MIEL ou MEEL (Jean). — 1599 à 1644.

2210 84. *Bois; hauteur, 24 pouces; largeur, 30.*

Dispute de gens de mauvaise vie, au nombre de plus de vingt, dans des attitudes et des gestes menaçants; cette scène a lieu sous un monument antique et supporté par des colonnes.

Compris dans les peintres flamands par le grotesque de ses figures et ses nombreuses bambochades, il entre dans la manière de peindre de Jean Miel un certain charme d'exécution qui montre qu'il savait quelquefois plier son génie aux différents sujets qu'on exigeait de lui. Et lorsqu'il arrive au degré de beauté, comme celui qui fait partie de notre intéressante collection, il s'exprime avec la touche adroite, fondue et moelleuse de Karel Dujardin.

LEDUC (Jean). — 1636 à 1671.

85. LE CORPS-DE-GARDE. — *Bois; hauteur, 12 pouces; largeur, 9.*

Un officier vêtu à l'espagnole et appuyé sur sa canne fait lire un ordre à un lieutenant assis à une table, devant laquelle est une femme vue de profil, et qui semble prendre intérêt à cette lecture.

Il y a dans cette composition, de pure fantaisie, une convenance de peintre, une licence légitimée par la coquetterie des costumes, des accessoires; les soldats qui sont près de la cheminée n'ont point un air martial, ce sont des guerriers ajustés d'une manière singulière et qui ne ressemblent à aucun autre. Mais ces invraisemblances, ces caprices légers de l'imagination sont rachetés par une excellence de pinceau, qui, en se jouant, laisse échapper des formes heureuses et variées.

POELEMBOURG (Corneille). — 1586 à 1660.

86. LE BAIN. — *Bois; hauteur, 14 pouces; largeur, 17.*

Sous un beau ciel d'Italie, dans un site pris aux environs de Tivoli, on aperçoit le temple de la Sybille; ce monument, type de l'élégante architecture des anciens, est adossé à des restes d'édifices; plus en avant et dans une eau bien transparente, de jeunes nymphes prennent le plaisir du bain. Un troupeau de buffles est au repos dans la prairie.

Presque toutes les compositions de ce maître sont présentées sous la même forme, mais elles n'arrivent pas toujours à l'exacte correction du dessin, à la suavité du coloris et à l'ingénieuse richesse de ses fonds. Ce nom est populaire et de tout temps les amateurs l'ont prisé, Rubens même faisait grand cas de ses tableaux, et leur donna accès parmi les ouvrages des bons peintres de son époque.

DUJARDIN (Karel). — 1640 à 1678.

87. Le muletier. — *Toile ; hauteur, 19 pouces ; largeur, 17.*

Peu de peintres ont réussi dans autant de genres différents que Karel Dujardin ; mais son caractère distinctif est le paysage, les animaux et tout ce qui tient à la vie rurale et pastorale. Il nous représente ici un de ces sites pittoresques de l'Italie, dont l'horizon est borné par des chaînes de montagnes d'une immense étendue ; il y ajoute des massifs d'arbres, dont les racines sont rafraîchies par le courant d'un ruisseau, et qui offrent un ombrage tutélaire à ces riantes contrées.

Un paysan, conduisant par la bride un mulet chargé de ballots, est suivi d'une jeune femme qui dirige son âne, son troupeau de chèvres et de moutons sur un ruisseau qu'ils vont passer à gué. Un ciel légèrement nuagé et d'une juste dégradation de lumière, quoique enrichi par l'or des rayons du soleil, indique le repos , le silence touchant de la nature à certaines heures du jour.

Carel Dujardin n'est-il pas regardé comme un des premiers peintres de paysage et d'animaux ? n'est-ce pas un de ceux dont les tableaux se paient le plus cher et dont les amateurs sont le plus avides ? Heureux en effet ceux qui peuvent échanger des pièces de monnaie pour des ciels, des bois, des eaux argentées, de riches prairies, et qui tous les jours, sans sortir de leur appartement, peuvent contempler l'image de ces objets délicieux !

LE MÊME.

88. LE MOULIN. — *Toile ; hauteur*, 28 *pouces ; largeur*, 22.

Par une belle soirée d'été dont l'état du ciel est chaud, lumineux, légèrement nuagé, le peintre a représenté un de ces sites brûlants de l'Italie, dont le point de vue s'arrête à de hautes montagnes. Une petite rivière qui baigne le pied d'un village va porter ses eaux sur la roue d'un moulin dont les murs sont reflétés des derniers rayons du soleil ; sur la gauche, s'élève une chaussée au bas de laquelle est une mare d'eau ; plusieurs villageois viennent y conduire leur bestiaux, et rejoignent un jeune garçon vêtu de rouge et qui dirige aussi son cheval blanc sur le même point. Un voyageur, cavalier, s'entretient avec un homme qui marche à ses côtés

MIÉRIS (Guillaume.)

89. LE TAMBOUR. — *Bois ; hauteur, 12 pouces ;
largeur, 10.*

Un jeune homme de distinction, vêtu de satin
jaune et d'une écharpe en sautoir, s'amuse à battre
sur un tambour dans l'embrasure d'une fenêtre et
cherche à récréer deux jeunes filles ; il a le coude appuyé sur son tambour et tient ses baguettes de chaque main. Un des deux enfants qui l'accompagnent
tient à la main une poupée, et l'autre un étendard ;
sur l'appui de la fenêtre, une épée, une boule, des
osselets, et plus bas, un bas-relief à sujet d'enfants
peint en grisaille.

VOYS (Ary de). — 1641.

90. LE CHASSEUR. — *Bois ; hauteur, 10 pouces ;
largeur, 8.*

Fatigué d'un exercice laborieux et pénible, un
cavalier dont le costume indique le choix d'un personnage de haute distinction est assis dans un intérieur d'appartement et devant une table, il fait l'ins-
pection de sa carnacière de velours vert très-foncé,
il en tire une perdrix qu'il ajoute aux petites pièces
de gibier qu'il a déjà, et contemple avec joie le tro-
phée de son adresse. Un beau lévrier est couché près
de lui.

Imitateur comme les Hollandais de premier mérite,
les sujets de ce peintre ont peu d'étendue, peu de

mouvement, mais ses ouvrages prennent rang parmi ceux de Miéris ou de Slingelant; c'est toujours par un précieux d'exécution, une couleur vive et brillante, qu'il atteint cette physionomie particulière.

BREKLINKAMP.

91. LE BÉNÉDICITÉ. — *Bois*; *hauteur, 21 pouces*; *largeur, 26.*

Dans un intérieur de chambre hollandaise, le chef d'une famille, sa femme et un jeune garçon, viennent de s'asseoir devant une table couverte de mets; tous trois ont une attitude grave et religieuse que leur donne l'instant de la prière. On retrouve dans cette scène familière un exemple des mœurs patriarcales de cette époque, et dans l'exécution du tableau une suavité de pinceau digne des œuvres de Gérard Douw, dont le peintre a quelquefois tenté de se rapprocher.

MOUCHERON (Frédéric). — 1633 à 1686.

92. L'INTÉRIEUR D'UN PARC. — *Toile*; *hauteur, 36 pouces*; *largeur, 15.*

Décoré d'édifices et de temple à colonnes, planté d'arbres divers et de hauts peupliers qui laissent apercevoir une allée perspective, et des promenades variées par les mouvements de terrain, il donne l'idée d'un parc dont les distributions habilement ménagées offrent l'aspect le plus riant. Quelques figures de cavaliers et dames assis sur l'herbe, d'autres dansant au son d'un violon, animent ce lieu de plaisir et de luxe; ces figures sont peintes par Adrien Vandevelde.

SCHALKEN (Godefroy.)

4 000 93. Intérieur d'une cuisine hollandaise. — *Bois; hauteur, 15 pouces; largeur, 13.*

Une vieille femme, un chaudron devant elle, sourit malicieusement à un jeune garçon en lui présentant une cuillère à bouillie; elle tient de la main gauche une lumière dont le reflet éclaire cette scène comique, qui du reste est peinte avec une grande puissance de couleur et d'effet magique.

HACKHERT et VANDEVELDE (Adrien).

2700 94. Un des plus importants paysages de ce maître; il est riche en figures et animaux. C'est l'entrée d'une forêt où s'acheminent des paysans, hommes et femmes, conduisant leur troupeau et les dirigeant par une rivière qu'ils passent à gué sur un lieu très-ombragé.

Le résultat, dans l'association de ces deux peintres, est de présenter une balance parfaite de talents.

BREUGHEL (Jean). — 1589 à 1642.

710 95. Vue extérieure d'un village de la Flandre. — *Bois; hauteur, 18 pouces; largeur, 30 pouces.*

On distingue sur un chemin d'une pente assez rapide et bordé par une rivière, des charrettes attelées, des voyageurs à pied, des cavaliers et beaucoup de gens des villages voisins portant des provisions.

MIGNARD (NICOLAS). — 1668 à 1728.

96. PORTRAITS DE LOUIS XIV ENFANT ET DE SON FRÈRE. —
Toile; hauteur, 18 pouces; largeur, 30.

Le premier, sous les traits du jeune saint Jean couvert d'une peau de mouton, est vu de profil, et montre à son jeune frère le signe de la rédemption, que le jeune prince, vêtu d'une tunique bleue, tient dans ses deux mains.

RUYSDAEL (SALOMON)

97. *Bois; hauteur, 22 pouces; largeur, 32.*

Canal de la Hollande ombragé par de grands arbres, dont les intervalles laissent apercevoir un village, un moulin et des fabriques. De ce même côté, une barque qui contient beaucoup de passagers va partir et se diriger sur un pays qu'on aperçoit dans le lointain.

FIN.

www.ingramcontent.com/pod-product-compliance
Ingram Content Group UK Ltd.
Pitfield, Milton Keynes, MK11 3LW, UK
UKHW031833170726
13836UKWH00004B/1656